廉洁文化丛书　　　　　广东党的建设研究院重点研究成果

XINSHIDAI LIANJIE WENHUA
SHENGHUOHUA JIANSHE YANJIU

新时代廉洁文化生活化建设研究

朱　斌　著

SPM 南方传媒　广东人民出版社

·广州·

图书在版编目（CIP）数据

新时代廉洁文化生活化建设研究／朱斌著. -- 广州：
广东人民出版社，2024. 11. --（廉洁文化丛书）.
ISBN 978-7-218-17840-0

Ⅰ. D630. 9

中国国家版本馆 CIP 数据核字第 2024UD6391 号

XINSHIDAI LIANJIE WENHUA SHENGHUOHUA JIANSHE YANJIU

新时代廉洁文化生活化建设研究

朱 斌 著

出 版 人：肖风华

出版统筹：卢雪华
策划编辑：曾玉寒
责任编辑：伍茗欣
文字编辑：曾靖怡
装帧设计：样本工作室
责任技编：吴彦斌

出版发行：广东人民出版社
地　　址：广州市越秀区大沙头四马路 10 号（邮政编码：510199）
电　　话：(020) 85716809（总编室）
传　　真：(020) 83289585
网　　址：http://www.gdpph.com
印　　刷：广州市豪威彩色印务有限公司
开　　本：787mm×1092mm　1/16
印　　张：14. 75　字　　数：240 千
版　　次：2024 年 11 月第 1 版
印　　次：2024 年 11 月第 1 次印刷
定　　价：62. 00 元

如发现印装质量问题，影响阅读，请与出版社（020-85716849）联系调换。
售书热线：020-87716172

总　序

陈金龙

（教育部"长江学者"特聘教授，广东党的建设研究院院长）

　　廉洁是人类社会共同的美德，廉洁政治是国家和人民的期待，这不仅因为廉洁本身是美好的，更因为廉洁的反面——腐败是"政治之癌"，始终是威胁国家安定、影响人民获得感幸福感的毒瘤。习近平总书记指出："一些国家因长期积累的矛盾导致民怨载道、社会动荡、政权垮台，其中贪污腐败就是一个很重要的原因。大量事实告诉我们，腐败问题越演越烈，最终必然会亡党亡国！我们要警醒啊！"

　　党的十八大以来，我们党开展了史无前例的反腐败斗争，以"得罪千百人，不负十四亿"的使命担当祛疴治乱，"打虎""拍蝇""猎狐"多管齐下，反腐败斗争取得压倒性胜利并全面巩固。反腐败斗争永远在路上。党的二十大报告指出，"党的建设特别是党风廉政建设和反腐败斗争面临不少顽固性、多发性问题"，仍然是我们前进道路上的主要挑战，并誓言"只要存在腐败问题产生的土壤和条件，反腐败斗争就一刻不能停，必须永远吹冲锋号"。

　　中华优秀传统文化凝聚着治国的智慧，如《道德经》提出了"治大国若烹小鲜"的教诲，意思是治理国家就像烹饪娇嫩的河鲜海鲜，必须小心谨慎掌握火候，多一分会过火，少一分则未熟；也不能翻来覆去，反复无常，让人无所适从。腐败治理是中国共产党政党治理的核心议题，关系党和国家的前途命运，也是治国理政中的"小鲜"。腐败现象是多种因素共同作用的结果，其中有权力监督缺失的问题，有党性缺失和世界观、人生观、价值观异化的问题，有不良党风政风和社会风气的问题，还有消极的历史传统文化的问题，等等。这意味着反腐败斗争的措施必须是全面的、系统的，多管齐下，综合发力，有恒心，有毅力。其中最难的，是净化腐败产生的土壤，也就是一些学者所谓的"腐败亚文化"问题。

常言说，心病还得心药治。遏制和去除"腐败亚文化"，净化社会土壤，就得像老子《道德经》中所说的"以道莅天下"，以习近平新时代中国特色社会主义思想为指导，按照客观规律办事。以文化润心，化解腐败产生的土壤，是反腐败斗争"道"之所在。反腐败斗争，要刚柔并济，既要有敢于斗争的大无畏精神和零容忍态度严惩腐败的"刚"，也要有善于斗争和用廉洁文化涵养社会土壤的"柔"，如此，才能烹好这锅"易糊易碎的小鲜"。

2021年7月，中共中央宣传部、中央文明办、中央纪委机关、中共中央组织部、国家监委、教育部、全国妇联共同下发《关于进一步加强家庭家教家风建设的实施意见》；2022年2月，中共中央办公厅印发《关于加强新时代廉洁文化建设的意见》。党的二十大强调，要"加强新时代廉洁文化建设"，推动严厉惩治、规范权力、教育引导紧密结合、协调联动。新时代廉洁文化既有"刚"的一面，更有"柔"的一面，是新征程上一体推进不敢腐、不能腐、不想腐的重要方略。

作风建设永远在路上，反腐败斗争永远在路上。廉洁文化建设是一个具有重要学术价值和实践属性的议题，期待这套丛书能够为新时代廉洁文化研究添砖加瓦，为新征程上的反腐败斗争实践提供助力。

广东党的建设研究院是经中共广东省委宣传部批准设立的重点智库，成立于 2017 年，依托华南师范大学马克思主义学院。广东党的建设研究院成立以来，承担了多个党建类研究课题，出版了多部党建主题学术专著，公开发表相关学术论文上百篇，但围绕一个特定的党的建设研究主题组织撰写丛书，从不同角度、多个层面全方位阐释，还是第一次。这是一个新的尝试和好的开端，期待华南师范大学马克思主义学院、广东党的建设研究院有更多的围绕特定主题的成果集中出版。

与此同时，感谢广东人民出版社时政读物出版中心的大力支持与帮助。华南师范大学马克思主义学院同广东人民出版社有多年合作的愉快经历，广东人民出版社欣赏华南师范大学马克思主义学院教师们的学术能力，我们也赞赏广东人民出版社的敬业、专业和对学术研究者的理解、包容。这套丛书从策划选题、组织写作到文字润色、成书出版，广东人民出版社的各位编辑耗费了大量的精力，在此一并致谢！

是为序。

第一章

廉洁文化生活化的必要性与挑战

　　日常生活是人们生存发展的基本寓所，人们只有通过日常生活才能生存、才能从事其他一切日常或非日常的活动。作为非日常活动重要组成部分的廉洁文化，经常被看作是一个神秘高深甚至令人望而生畏的政治术语。其实，廉洁文化是社会生活的一个基本方面，与人们的日常生活紧密地联系在一起。然而，长期以来，在廉洁文化研究中，日常生活视角没有引起学术界的足够重视，似乎日常生活是一个与廉洁文化毫无关联的形而下世界。

一、基本概念界定

概念是研究问题的逻辑起点。本章试图厘清日常生活理论的渊源与流变、廉洁文化的历史发展、廉洁文化生活化内涵及特征等基本概念，为后面章节的研究提供理论基础。

（一）日常生活理论的渊源与流变

"日常生活"是一个口语化的词汇，"属于平时的"生活①。作为学术用语则是一个西方的概念。"胡塞尔提出哲学回到生活世界，海德格尔强调'在世的在'的意义，维特根斯坦转向日常语言，杜威强调经验就是生活，其用意之一就是为了使哲学转向现实生活。"② 因各自研究的出发点和侧重点不同，以上西方学者都没有明确提出"日常生活"的概念。

法国哲学家昂利·列斐伏尔，因其《日常生活批判》三部曲而成为20世纪日常生活批判哲学转向的奠基人。他首先提出"日常生活"概念，并指称为"每天生活的重复，持续不断的每天生活的重复"③，强调日常生活的同质化、重复性与碎片化特征，并且通过对马克思异化理论的理解和重新解释，将其发展成为一种系统而完整的日常生活批判理论。他把马克思的异化理论扩大到人类的日常生活中，并指出

---

① 参见《现代汉语词典（第6版）》，商务印书馆2012年版，第1097页。

② 刘放桐：《现代西方哲学的历史演变及发展趋势》，《求是》2002年第2期。

③ 刘怀玉：《现代性的平庸与神奇》，中央编译出版社2006年版，第39页。

哲学的任务就在于注重对日常生活的研究。他的日常生活批判是对经济基础和上层建筑批判的补充，是对马克思主义批判范式的有益扩展，但他以人们放弃追求宏大目标为代价，这不能不说是一个遗憾。他主张通过"文化革命"来颠覆现代社会日常生活的异化，提出"让日常生活成为艺术品！让每一种技术方式都被用来改变日常生活"。但是，"文化革命"不可能胜任落后国家乃至于整个人类的现代化建设。①

列斐伏尔的学生阿格尼丝·赫勒（Agnes Heller）继续在这一领域深入研究，把"日常生活"界定为那些同时使社会再生产成为可能的个体再生产要素的集合。在赫勒看来，日常生活作为一种"自在的对象化"而具有任何个人都无法超越的"先验的"社会本体论意义；作为一种自发的文化现象，具有本能性、习惯性、使用性与重复性特征。然而，日常生活的卑微无奇外观背后蕴藏着无限的创造力与巨大的解放潜能。② 至此，一个相对清晰明确的日常生活概念呈现在西方学术界。

相对西方而言，中国学术界对日常生活的研究起步比较晚。直到20世纪80年代末90年代初，"生活世界"才逐渐引起国内哲学、文化学、教育学、政治学、社会学等学科的关注，并形成了各不相同的生活世界理论。衣俊卿在总结西方各种生活世界理论的基础上，从文化视角总结了不同生活世界范畴之间内在的、共同的本质规定性。他认为，"日常生活世界"是生活世界的一种重要表述形式，其概念包含在"生活世界"的概念之中。不同的是，在"生活世界"理论的各

---

① 吴宁：《列斐伏尔日常生活批判理论评析》，《中共浙江省委党校学报》2005年第4期。

② 参见刘怀玉：《列斐伏尔与20世纪西方的几种日常生活批判倾向》，《求是学刊》2003年第5期。

种不同的价值取向中，"日常生活世界"一般被用来表征与原始文明和传统自然经济时代相联系的个体再生产的领域，代表着自在自发的、自然态度的、非反思的、给定的文化解释体系和规范体系。①

在吸收赫勒的理论基础上，衣俊卿把人类社会视作一个金字塔结构：（1）处于金字塔顶部的是科学、艺术和哲学等活动的领域，是非日常的、自觉的人类精神和人类知识领域，可以称之为自觉的类本质活动领域。（2）处于金字塔中部的是非日常的社会活动领域，主要包括政治、经济、技术操作、经营管理、公共事务、社会化大生产等。（3）处于金字塔底部的是以个体的生存和再生产为宗旨的日常活动领域，它主要包括衣食住行、饮食男女等以个体的肉体生命延续为目的的生活资料的获取与消费活动及其生殖活动；婚丧嫁娶、礼尚往来等以日常语言为媒介，以血缘和天然情感为基础的个体交往活动；以及伴随上述日常活动的重复性的日常观念活动。② 其中，前两个层面构成了非日常生活世界，是社会再生产或类的再生产领域。第三个层面就是日常生活世界，即"以个人的家庭、天然共同体等直接环境为基本寓所，旨在维持个体生存和再生产的日常消费活动、日常交往活动和日常观念活动的总称，它是一个以重复性思维和重复性实践为基本存在方式，凭借传统、习惯、经验以及血缘和天然情感等文化因素加以维系的自在的类本质对象化领域"③。

衣俊卿认为日常生活主要包含三个方面：一是以个体的肉体生命延续为宗旨的日常生活资料的获取和消费活动，即日常消费活动；二

---

① 参见衣俊卿：《中国日常生活批判的理论视野》，《求是学刊》2005 年第 6 期。

② 参见衣俊卿：《中国日常生活批判的理论视野》，《求是学刊》2005 年第 6 期。

③ 衣俊卿：《现代化与日常生活批判——人自身现代化的文化透视》，人民出版社 2005 年版，第 31 页。

是以日常语言为媒介、以血缘关系和天然情感为基础的日常交往活动；三是与日常消费和交往活动相伴随的、以重复性为特征的、非创造性的日常观念活动。① 从上可知，日常生活是个体的自在世界，它追求个人的解放和自由、个性的全面发展；非日常生活则是与之相对应的社会再生产或类的再生产活动，它是一种自觉和自为的社会政治、经济和精神活动。正是有了人们日常细碎生活的长河，才构成了历史的宏大，日常生活是宏大叙事的基础。

链　接

▼

列斐伏尔对日常生活概念的初步阐述

日常生活在某种意义上是一种剩余物，即它是被所有那些独特的、高级的、专业化的结构性活动挑选出来用于分析之后所剩下来的"鸡零狗碎"，因此也就必须对它进行总体性地把握。而那些出于专业化与技术化考虑的各种高级活动之间也因此留下了一个"技术真空"，需要日常生活来填补。日常生活与一切活动有着深层次的联系，并将它们之间的种种区别与冲突一并囊括于其中。日常生活是一切活动的汇聚处，是它们的纽带，它们的共同的根基。也只有在日常生活中，造成人类的和每一个人的存在的社会关系总和，才能以完整的形态与方式体现出来。在现实中发挥出整体作用的这些联系，也只有在日常生活中才能实现与体现出来，虽然通常是以某种总是局部的不完整的方式实现出来，这包括友谊，同志关系，爱，交往的需求以及游戏等等。

（资料来源：刘怀玉：《现代性的平庸与神奇：列斐伏尔日常生活批判哲学的文本学解读》，中央编译出版社2006年版，第103页）

---

① 参见衣俊卿：《现代化与文化阻滞力》，人民出版社2005年版，第192页。

（二）廉洁文化的历史发展

廉洁文化是"廉洁"的特殊性与"文化"的普遍性的有机统一，也是"廉洁"内容和"文化"形式的巧妙结合。一般而言，廉洁文化是指社会成员普遍认同的、具有廉洁价值导向的思想观念和行为方式，包括关于廉洁的知识、理论、规范、信仰以及与之相适应的制度体系、社会评价和生活方式等。值得注意的是，廉洁文化不能等同于廉政文化。廉政文化是廉洁文化在政治生态中的集中体现，指的是"在以国家权力机关为核心的政治组织中所达到的以廉洁勤政为核心价值的认知模式和行为模式"[①]。显然，廉洁文化所包括的内容、涉及的范围以及面向的群体更为广泛，更倾向于从整体性视角来构建文化的公共性基础。

中华优秀传统廉洁文化在中华文明史上源远流长，是中华民族在长期的历史发展过程中形成、发展起来的，积淀着中华民族独特而深沉的精神追求。在不同的历史时期，中华优秀传统廉洁文化呈现出不同的时代特色，具有不同的内容和表现形式。纵观我国古代历史，从上古的尧舜禹时期到清代，廉洁始终被视为一种高尚的道德品质而备受推崇，是"国之四维"之一，也是"吏德""仕者之德"。中华廉洁文化体现了古代思想家、政治家和社会大众对"廉洁"官风、民风、家风和世风的精神信仰和价值追求，积累了中华民族治国安邦的丰富历史经验。

中华优秀传统廉洁文化萌芽于原始社会末期。早在上古五帝时期，先民们就有朦胧的廉洁意识，"天下为公，选贤与能，讲信修睦"（《礼记·礼运》）一直为后世所称道。然而，伴随着社会生产力水平

---

① 崔光：《廉洁文化阵地建设中的几点思考》，《大庆社会科学》2013年第5期。

的发展，人们的私有欲逐渐增强，"贪""贿"等腐败现象相继出现，反腐倡廉的理念和举措也随之应运而生。被后世尊为"圣臣"的皋陶在舜时期提出"九德"，对为官者的素质提出要求，分别为"宽而栗，柔而立，愿而恭，乱而敬，扰而毅，直而温，简而廉，刚而实，强而义"（《尚书·虞书·皋陶谟》）。这里所提到的"简而廉"就是性格豁达直率又讲原则、坚持操守的意思。皋陶还在禹时期提出"昏墨贼杀"之刑，即对"昏"（做坏事却欺世盗名）、"墨"（贪污腐化）、"贼"（肆无忌惮地杀人）三项罪行施以死刑。皋陶之刑是中国历史上较早的刑事制度，包含有关反腐倡廉的廉洁制度文化，在一定程度上强化了对贪腐行为的威慑力和约束力。同时，尧、舜、禹等贤君一生勤俭朴素，对内修身养性，对外廉洁施政，不仅对当时的社会风气产生了积极影响，而且也给后世留下了道德标准、治国理念和人生哲学。

中华优秀传统廉洁文化产生于夏商周时期。在阶级社会产生以后，以贪婪无度、穷奢极欲、暴戾恣睢为主要特征的各种腐败现象屡有出现，阶级矛盾逐步凸显。奴隶主阶级出于维护自身统治的需要，提出尚俭、倡廉、爱民等思想主张。商亡周兴后，以周公为代表的统治者深刻吸取夏商灭亡的教训，开展了我国历史上最早的廉政建设。最具深远影响的是制定了以"廉善、廉能、廉敬、廉正、廉法、廉辨"为主要内容的官员考核标准，另设立"小宰"一职，"掌建邦之宫刑，以治王宫之政令"（《周礼·天官冢宰第一·小宰》），加强对官吏的管理和监督。"六廉"制将"廉"作为做官之本和考核之要，大体奠定了我国传统廉政文化的内核。周穆王在位时，命大臣吕侯制定《吕刑》，以制度化的方式严惩贪赃枉法的司法官，体现了西周统治者对司法的监督，开创了运用法律反腐败的先河。值得一提的是，西周还创设"采诗观风"制度，倡导采诗以观得失、作乐以为教化的乐治理念，对孕育和发展中华廉洁文化发挥了积极作用。

中华优秀传统廉洁文化在春秋战国时期得到了进一步发展，有了更为丰富的思想内涵。在周文疲敝、礼崩乐坏之际，中国社会急剧分化动荡，政治腐败现象加剧，对社会稳定和发展造成极大的破坏。在此背景下，诸子百家纷纷提出自己的政治主张和治国方略，其中大力倡导廉政、崇尚节俭的思想理念是诸子百家思想最底层的共识，最具代表性的有法、儒、道、墨四家学说。法家学派主张以法治国、以法促廉。管仲把"廉"列为治国之纲，认为"礼义廉耻，国之四维，四维不张，国乃灭亡"（《管子·牧民》），提倡以廉洁的思想教化国民，主张礼法并重惩治贪腐。韩非集法家之大成，强烈抨击官吏寡廉营私的恶行，提出"法不阿贵""刑过不避大臣"，鲜明主张"明法、致公、倡廉"，以遏制官吏的私欲、私行。儒家学派积极倡导符合道德仁义的义利观，重视君子人格的养成，主张统治者施行"德治""仁政"，影响了华夏民族上千年的道德观念和价值取向。论语中记载了"君子喻于义，小人喻于利"（《论语·里仁》）、"奢则不孙，俭则固。与其不孙也，宁固"（《论语·述而》）、"欲仁而得仁，又焉贪？"（《论语·尧曰》）等反对贪欲的警世名言，突出强调道义节气对一个人的重要性，包含"廉"的思想意蕴。道家学派提出"是以圣人去甚，去奢，去泰""见素抱朴，少私寡欲"（《道德经》）等清廉思想，要求统治者无为而治，戒欲戒奢。墨家学派提出了"兼相爱、交相利"的理论，主张"尚贤"以廉洁用人，"节用""节葬""非乐"以大利天下，将"廉"作为君子之德的首位，其学说中也蕴含丰富的廉洁思想。先秦诸子百家的廉洁思想，在中华廉洁文化发展史上留下了浓墨重彩的一笔。

中华优秀传统廉洁文化在从秦到清的两千多年皇朝专制社会里逐渐发展、成熟。秦朝奉行法家学说，强调以法治吏，信赏必罚，以法律形式明确规定"凡为吏之道，必精洁正直……廉而毋刖"（《为吏之道》），并从中央到地方建立了一套比较完备的官吏监察体制，以此保证各级官吏廉洁奉公。沿袭秦制，汉代进一步推动监察体制的完善，加大对官吏贪污行为的预防和惩治力度。此外，以"孝"和"廉"为标准的察举制成为选拔人才的主要制度，"德""行"成为人才考核的首要指标。汉文帝、景帝等贤明君主一生躬率节俭，"以示敦朴，为天下先"（《汉书·文帝纪赞》），上行而后下效，出现了一批正直清廉、奉法循理的循吏，"皆谨身帅先，居以廉平，不至于严，而民从化"（《汉书·循吏传》），塑造了廉洁清正的社会氛围。

链　接

▼

太史公大义退玉璧

汉武帝时期，司马迁在朝中任太史令，具体负责编写《史记》。当时，许多达官贵人都想讨好司马迁，希望通过他的笔给自己在历史上留下个好名声，纷纷给他送来奇珍异宝。

有一天，朝中最得宠的大将军李广利派人给他送来一件礼物。司马迁的女儿妹娟打开装礼物的精致盒子，惊呼道："太美了，真是稀世珍宝！"

原来，盒子里放着一对稀世罕见的白璧。司马迁曾见过无数的牙雕、珍珠、玉石，但从来不屑一顾。可是，他见到这对光洁、圆润的稀世白璧时，却感慨万千，惊叹不已，用手轻轻地摸了一下。

妹娟看到父亲面有喜色，脸上也露出了不舍的神情。司马迁猜透了妹娟的心思，语重心长地说："白璧最可贵的地方是没有斑痕和污点，所以人们才说，白玉无瑕。我是一个平庸而品位低下的小官，虽然从来不敢以白璧自居，但是我如果收下了这珍贵的白璧，我身上的污点就增加了一分。白璧不能要，包好叫来人带回去吧！"一席话令妹娟羞红了脸，把白璧包好交给来人带回去了。

（资料来源：李宝娣、胡浩主编：《青春倡廉：大学生廉洁教育读本》，大连海事大学出版社 2010 年版，第 66 页）

　　从魏晋南北朝到隋唐时期，中华优秀传统廉洁文化走向高峰期。尤其是唐代，廉洁制度不断建立和完善。唐太宗即位后，不仅大力倡导各级官吏厉行节俭，同时自身也"抑情损欲，克己自励"（《贞观政要·务农》），虚心纳谏，开创了君臣一心、和衷共济的良好风气。唐律、御史监察制度、官吏考核制度以及科举制度等一系列反腐倡廉的法律制度建设，为开创清明廉洁的"贞观之治"奠定了坚实基础。宋元明清时期，传统廉洁文化继续发展。宋代采用"厚俸养廉"制度来预防贪污腐败行为，但实际上收效甚微。以程颐、程颢、朱熹、周敦颐、张载等为代表的理学家，积极倡导"存天理、灭人欲"，以理制欲、抑腐，主张惩防结合，重视对官员的文化熏陶和思想教化。一大批文人、士大夫深受儒家文化以及程朱理学思想的影响，以国家利益至上为准则，洁己奉公。

　　明代制定了一系列严酷的法律，如《大明律》《大诰》等，以严法重惩贪官污吏，并面向社会大众进行普法宣传，甚至在县、乡建立固定的法律宣传场所"申明亭"，用以公示贪官污吏的名字及其罪状。鉴于晚明吏治腐败的教训，清初康熙皇帝在位期间大力倡导廉洁节俭，采取多种方式强化官吏的廉洁意识，既通过面谕进行循循善诱的教导，又通过建立严格的回避、监察、考核、惩处等各项制度加以约束，刚柔并济，多管齐下，这一时期的肃贪倡廉取得鲜明成效。此外，清王朝的历任皇帝在治国理政的过程中也不断创立和丰富反腐倡廉举措，在一定时期内对于遏制腐败蔓延、激浊扬清起了积极的作用。

1840 年鸦片战争爆发，中华民族被西方列强的长枪短炮惊醒。面对内忧外患的衰颓之势，道光帝带头厉行节俭，整治贪污腐化，在一定程度上带动了全国的俭朴风气。然而，此时的吏治危机已严重侵蚀大清王朝，朝政腐败，民生凋敝，社会弊端积重难返。咸丰、同治、光绪、宣统也先后采取系列举措刷新吏治，但终究未能力挽狂澜，曾经盛极一时的清王朝不可避免地走向衰亡。在清末吏治腐败严重的政治环境中，彭澍、汤鹏、龚自珍、林则徐、左宗棠、曾国藩等官员深受中华传统廉洁文化的浸染，清廉自守，针砭时弊，极力倡行廉洁之风，为社会大众深以敬重。此外，清末文人作家通过谴责小说批判现实，反映当时社会的腐败和政治的黑暗，表现出人们对清明之世的追求和向往。

1912 年，中华民国正式成立，资产阶级民主革命先行者孙中山在南京总统府宣誓就任第一任临时大总统，他致力于建设清正廉明的民主共和国。孙中山继承和发扬中国古代的"民本"思想，同时借鉴西方资产阶级的民主思想，鲜明强调民权"为一般平民所共有，非少数人所得而私"①，提出"官吏应为国民公仆"的思想，并将自身也列入"人民的公仆"之列。同时，他围绕资产阶级廉洁政府建设提出多项主张和推出多项措施，如建立反腐倡廉监督惩戒机构、制定颁布廉政制度法规等，不仅在当时产生了深刻影响，而且也为现代廉洁思想的形成提供了有益借鉴。然而，孙中山的美好愿景未能在民国期间得以实现，无论是在北洋政府还是国民政府的统治下，不廉不洁之行常有发生，腐败之风难以遏制。

1921 年 7 月，中国共产党诞生，中国革命的面貌从此焕然一新。中国共产党是以马克思主义为指导思想的无产阶级政党，清正廉洁是

---

① 《孙中山全集》第 9 卷，中华书局 1986 年版，第 120 页。

中国共产党的政治本色。建党伊始，中国共产党就在党的纲领和章程中明确规定，共产党员必须具有廉洁奉公、彻底奉献的精神底色和政治品格，这是中国共产党的内在规定性。1926年，中共中央向全党发出《关于坚决清洗贪污腐化分子的通告》，旗帜鲜明地阐述了党与贪腐斗争的立场和方针，也表明了党坚定的反腐决心。1931年11月，中央苏维埃共和国临时中央政府宣布成立，中国共产党创建的红色政权首次以国家形态开启局部执政的伟大尝试。毛泽东强调："贪污和浪费是极大的犯罪。"① 于是，中国共产党领导苏区人民进行轰轰烈烈的反腐败斗争，不仅构建起一套从中央到地方的以各级公安监察机关为载体的廉洁运作机制，也制定了一系列倡廉惩贪的法律法规，严惩重案重犯，鼓励群众检举，并借助报刊、民间文艺等多种载体大力营造红色清廉文化。

延安时期，中国共产党围绕廉洁文化建设进行了卓有成效的探索与实践，包括加强廉洁教育，树立"全心全意为人民服务"的价值导向；完善法律法规，制定预防惩治腐败的专门性法规；形成多层面、多领域监督，强调发挥人民群众的监督主体作用；严格执行惩贪奖廉，实行以典惩贪、以奖促廉、以俸养廉等政策。这一时期的各种廉洁文化建设，特别是延安整风运动的开展，使得反腐倡廉深入人心，带动了社会风气的明显好转。在中国革命即将取得全国胜利的前夕，毛泽东在党的七届二中全会上谆谆告诫："务必使同志们继续地保持谦虚、谨慎、不骄、不躁的作风，务必使同志们继续地保持艰苦奋斗的作风。"② 这种保持"赶考"的清醒和自觉，正是一代又一代中国共产党人之所以能够乘风破浪、拒腐防变的宝贵精神财富。

---

① 《毛泽东选集》第1卷，人民出版社1991年版，第134页。
② 《毛泽东选集》第4卷，人民出版社1991年版，第1438—1439页。

1949 年 10 月 1 日，中华人民共和国成立。站在历史新纪元上，中国共产党人深知胜利来之不易，稳定和发展更是困难重重，党能否廉洁执政无疑对国家与社会的发展至关重要。在社会新旧交替之际，各种非无产阶级思想作风盛行，部分革命干部居功自傲的"功臣思想"不断滋生，严重侵蚀党的肌体健康。为此，党中央先后开展"整风整党""三反""五反""四清"等一系列反腐运动，查处了一批存在贪污、浪费行为和官僚主义作风的党员干部及腐化变质分子，强化共产主义教育，使党的纯洁性大大提高。此外，针对黄、赌、毒等丑恶现象，党中央采取积极有效的措施予以严厉打击。中国共产党不断深化廉洁文化建设，推动党风、政风、社风出现前所未有的新气象，为社会主义改造和建设提供洁净的政治生态环境和社会环境。

1978 年党的十一届三中全会胜利召开，改革开放的春风吹响大江南北。面临改革开放的新形势和新任务，邓小平高瞻远瞩地提出"一手抓改革开放，一手抓惩治腐败"①的战略方针，明确强调"抓精神文明建设，抓党风、社会风气好转，必须狠狠地抓，一天不放松地抓，从具体事件抓起"②。以邓小平同志为核心的党中央立足国情，遵循社会主义法制原则，以党的领导干部特别是高级领导干部为管理和监督重点，推动党内监督和社会监督的有机结合，尽心竭力地端正党风和纠正社会各种不正之风，有力保证了改革开放和社会主义现代化建设的健康发展。党的十三届四中全会以后，以江泽民同志为核心的党中央深入分析反腐败斗争形势的新变化，旗帜鲜明地强调反腐败斗争是"密切党同人民群众联系的重大问题"③，在实践探索中提出"三个代

---

① 《邓小平文选》第 3 卷，人民出版社 1993 年版，第 314 页。

② 《邓小平文选》第 3 卷，人民出版社 1993 年版，第 152 页。

③ 《江泽民文选》第 1 卷，人民出版社 2006 年版，第 248 页。

表"重要思想以及一系列反腐倡廉思想，为从严治党和反腐败斗争提供强有力的指导，将廉洁文化的发展推进到一个新的阶段。党的十六大以来，胡锦涛将"以人为本"作为廉洁文化建设的价值导向和目标，确立"标本兼治、综合治理、惩防并举、注重预防"①的反腐败战略方针，致力于"以优良的党风促政风带民风，营造和谐的党群干群关系"②，初步形成了内容科学、程序严密、配套完备、有效管用的反腐倡廉制度体系，走出了一条中国特色反腐倡廉道路。

党的十八大以来，以习近平同志为核心的党中央坚定不移地走中国特色反腐倡廉道路，承前启后，继往开来，坚守人民立场，大力推动新时代廉洁文化建设，不断推动马克思主义廉洁文化的中国化、时代化和大众化。党中央以前所未有的决心和勇气推进反腐败斗争，坚定不移"打虎""拍蝇""猎狐"，不敢腐、不能腐、不想腐一体推进的"惩、治、防"战略目标取得显著成效，形成了较为完备的制度体系、严格有效的监督体系，使廉洁文化建设有章可循、有法可依。中国共产党以勇于自我革命的精神锤炼自身，"着眼于以优良党风带动民风社风，发挥优秀党员、干部、道德模范的作用，把家风建设作为领导干部作风建设重要内容，弘扬真善美、抑制假恶丑，营造崇德向善、见贤思齐的社会氛围，推动社会风气明显好转"③，赢得人民群众的信任和支持。新时代廉洁文化建设，既吸收继承了马克思主义廉洁思想的精髓，又传承创新了中国传统廉洁文化的精华，谱写了党风廉

---

① 《中共中央关于加强和改进新形势下党的建设若干重大问题的决定》，人民出版社 2009 年版，第 34 页。

② 《中共中央关于构建社会主义和谐社会若干重大问题的决定》，人民出版社 2006 年版，第 39 页。

③ 习近平：《在第十八届中央纪律检查委员会第六次全体会议上的讲话》，人民出版社 2016 年版，第 4 页。

洁建设史上的辉煌篇章，极大丰富了中华廉洁文化的内涵，使之具有鲜明的时代特色，推动中华廉洁文化跃上新台阶。

（三）廉洁文化生活化内涵及特征

"化"字在《现代汉语词典》中的其中之一解释为："后缀。加在名词或形容词之后构成动词，表示转变成某种性质或状态"①。通俗来讲，"化"就是一种倾向、一种转变，是一个动态的渗透过程，也是一种发展着的呈现样态。"生活化"是指某种事物或活动贴近生活、融入生活，使之以一种符合人们生活习惯和需要的方式呈现，更易于被人们理解和接受的状态。"生活化"的实质是对现实生活的回归和关照。对于廉洁文化而言，"生活化"是实现其发展的内在需要和必然趋势。廉洁文化生活化是指，立足现实生活世界，以喜闻乐见的方式进行廉洁文化的传播，提高廉洁文化在日常生活场域中的渗透力和影响力，使抽象的廉洁文化成为生活的有机组成部分，进而推动全社会形成向善向上的廉洁风气的过程。具体来说，主要包括以下三方面的内涵。

首先，回归生活的现实关照。生活世界是廉洁文化的生长点和作用点，以人为本、关注生活是廉洁文化生活化的价值取向。换言之，廉洁文化生活化意味着一种回归生活的现实关照。其实，"任何超出生活的东西对于生活都是无意义的，生活是生活意义的界限"②。廉洁文化是人们在生活中创造出来的，在发展过程中反过来不断影响人们的生活，与生活具有不可分割的紧密关系。我们无法置身在生活之外，以人为对象的廉洁文化不能偏离生活的常规，倘若漠视人们生活需要，

---

① 《现代汉语词典（第6版）》，商务印书馆2012年版，第559页。

② 赵汀阳：《直观：赵汀阳学术自选集》，福建教育出版社2000年版，第51页。

无视现实生活变化，甚至压抑人们正常生活需求，必将导致生活对其的放逐。因此，生活化是廉洁文化的内在要求，这就规定了廉洁文化生活化要始终以人为核心，肯定人的价值和主体地位，关注人的现实生活需求，并紧紧围绕人的活动与人的社会关系展开，在"以文化人"的过程中关心人、尊重人、发展人，为实现人的自由全面发展的理想而努力。

其次，融入生活的实践规定。"理论的对立本身的解决，只有通过实践方式，只有借助于人的实践力量，才是可能的。"[①] 廉洁文化的生命力在于富有感染力的生动实践，通过实践融入生活是廉洁文化生活化的应有之义。换而言之，廉洁文化生活化就是要在社会生活过程中开展廉洁文化传播，通过实践这一纽带，将廉洁文化渗透到社会生活的方方面面，潜移默化为人们"日用而不觉"的价值理念、道德规范和行为方式。为此，一方面，要善于从日常生活的点滴中寻觅和厚植廉洁文化得以落地生根的土壤，开展多渠道、多载体、多形式的廉洁文化宣传实践活动，走新走心、走深走实，让群众听得懂、有体会、可落实，从而呈现出为群众喜闻乐见的生活化面貌；另一方面，要以人们的现实生活经验为依托，在廉洁文化生活化实践中，以情理渗透的方式促使人们对廉洁文化的认知从感性体会上升到理性选择，让廉洁文化的种子在民众心中生根发芽，并转化为民众的道德自觉和行动自觉，营造风清气正、崇廉尚廉的社会环境。

再次，引领生活的目标导向。人是具有自我意识、享受精神生活的生命主体。因此，人的生活不仅仅止步于"活命"和"谋生"，更包含对生活的存在意义、合理活动方式的探寻和追求。廉洁文化蕴含关于美好生活的价值理念，具有启智润心、滋养教化的作用，对个人

---

① 《马克思恩格斯文集》第 1 卷，人民出版社 2009 年版，第 192 页。

成长和社会发展产生深刻影响。发挥实效、引领生活是廉洁文化生活化的目的所在，廉洁文化生活化就是要将廉洁的文化熏染和思想澄明融入人伦日用中，对民众施以积极影响，用"前进的生活"引导"落后的生活"，用"善的生活"引导"非善的生活"，从而促进人们对自身生命意义的觉解，使人们摆脱对眼前利益的狭隘追求，领悟生活真谛，涵养清廉自守的精神境界。值得注意的是，生活本身就是流动的、不断变迁的过程。廉洁文化生活化并不意味着自然主义地照搬生活、简单地迎合现实生活、机械地反映现实生活、滞后地品议现实生活，而是在立足社会生活的基础上，着眼于时代问题和未来引领，直面市场经济发展所带来的一系列新情况、新问题，积极正确地回应现实关切，在变化着的现代生活中彰显其应有的魅力，引导社会向上向善地发展，引领人们过上真正有价值、有意义的幸福生活。

廉洁文化生活化具有深刻而丰富的内涵，是廉洁文化和社会现实生活相结合的产物，除了具有廉洁文化的一般特征外，还呈现出自己鲜明的特征，主要表现为以下三个方面。

其一，本质上具有主体性特点。主体性是人作为主体的质的规定性，指人在实践过程中所表现出来的能动性、自主性、创造性等特性。习近平总书记在文化传承发展座谈会上指出："任何文化要立得住、行得远，要有引领力、凝聚力、塑造力、辐射力，就必须有自己的主体性。"① 廉洁文化生活化坚持以人民主体性为旨归，尊重、肯定、发扬人的主体性。一方面，廉洁文化生活化通过生活化的创新路径，推动廉洁文化融入民众的日常生活，促使崇廉尚洁成为广大人民群众不受任何强制的自发需求和自觉行为，其实质就是培养和塑造"能动的""全面的"人。另一方面，廉洁文化生活化的实践主体不仅包括

---

① 习近平：《在文化传承发展座谈会上的讲话》，人民出版社 2023 年版，第 8 页。

掌握公共权力的政府官员、公务员，也包括千千万万的普通社会大众，这就意味着廉洁文化生活化主体具有广泛性、多层次性以及个体差异性，把全体人民群众作为廉洁文化生活化的"主人翁"，即廉洁文化生活化的倡导者、参与者和享有者。因此，廉洁文化生活化展现出一种对人民及其生活的深层关怀，正是其文化主体性的充分彰显。

其二，方法上具有潜隐性特点。习近平总书记指出："好的思想政治工作应该像盐，但不能光吃盐，最好的方式是将盐溶解到各种食物中自然而然地吸收。"① 这个比喻十分耐人寻味。事实上，廉洁文化生活化与思想政治工作具有内在统一性。廉洁文化生活化传播倘若采用简单生硬的方式，或"照本宣科"，或"死板说教"，就如同让人直接吃盐一般，令人齁得难以下咽，不仅不能被人们所接受、认同，而且可能使人们心生厌烦、拒斥，结果只会是有害无益。廉洁文化生活化通过消除传统思想政治工作给人带来的刻意感，不进行强行灌输，而是在人们熟悉的生活情境中广泛播撒廉洁种子，悄无声息地渗透和融入丰富多彩的社会生活，在不知不觉中影响人们的思想和行为，使人们在日常生活中无意识地接受廉洁文化的洗礼和熏陶。由此可见，廉洁文化生活化如盐在肴，主要是通过隐蔽的方式将廉洁文化所蕴含的内容、理念、要求渗透到社会大众的日常生活与实践活动中，以达到潜移默化的效果，具有鲜明的潜隐性特点。

其三，属性上具有亲和性特点。理论化的廉洁文化往往是抽象的，难以准确地认识和把握。廉洁文化生活化是促使廉洁文化实现由抽象到具体、深奥到通俗、被少数人理解掌握到被广大群众理解掌握的过程，具有亲和性的特点。首先，表现为内容通俗实用，切实连接起

_____

① 《沿用好办法　改进老办法　探索新办法——三论学习贯彻习近平总书记高校思想政治工作会议讲话》，《人民日报》2016 年 12 月 11 日。

"文化宣传"和"生活需要",在人们熟悉的生活场景中找到"讲道理"的立足点、切入点,使人们对廉洁文化不觉得遥远、陌生,而是就在身边,指导现实生活。其次,表现为传播方式的喜闻乐见,依托书籍、报刊、广播电视、网络、手机、广告、展览等丰富载体,通过宣传报道、文艺熏陶等鲜活形式,充分调动人们各种感觉器官的积极性,使廉洁文化变得可观、可感、可参与。最后,表现为语言生动活泼,使人们听得懂、记得住、传得开。倘若语言表达晦涩难懂,便难以激发思想共鸣,廉洁文化生活化便无法奏效。总之,唯有真理可以说服人、真情可以感染人、真实可以打动人。廉洁文化生活化的亲和性特点增进了社会大众对廉洁文化的感知兴趣和情感体验,从而推动廉洁文化得到广泛传播。

链　接
▼

新时代掀起"勤俭节约、廉洁从政"的新政风

我们党拥有艰苦奋斗、密切联系群众的优良作风。2012 年 12 月 4 日,党的十八大闭幕不久,以习近平同志为核心的党中央立足党的自我革命,从抓作风建设入手,提出纠治"四风"的中央"八项规定"。此规定出台后,中央领导率先示范,以身作则,严格执行轻车简从要求,厉行节约。上行下效,全社会很快掀起一股"勤俭节约、廉洁从政"的新政风。政风又引导会风。2013 年 3 月,全国两会召开期间,两会会风让人耳目一新:节俭、务实是主旋律。与会代表执行中央"八项规定",从起居出行的细节做起,"厉行节约,反对浪费"。

两会代表到北京后没有往常列队欢迎的人群,没有警车开道。入住的酒店也取消了鲜花摆放,房间布置简单简约,只有代表证和必备的文具。各代表团的驻地餐厅一日三餐也很简单,而且都写着"提倡

光盘，厉行勤俭节约"的提示语。有代表这样说，餐后基本上是光盘。这样会风一转，正如身教重于言教，紧接着是大家思想观念的转变，与会代表更加清廉务实。政风引导民风，网民呼吁遏制餐饮环节的大吃大喝。2013 年 1 月 17 日，习近平总书记在新华社一篇《网民呼吁遏制餐饮环节"舌尖上的浪费"》文章上作出批示，要求狠刹浪费之风，号召弘扬中华民族勤俭美德。① 网民的呼吁、总书记的批示，很快在全社会得到响应。"厉行节约、支持光盘；反对浪费，拒绝'剩宴'"的"光盘行动"迅速在全国盛行。

（资料来源：单卫华、王群、许华：《中国共产党廉政文化建设史论》，济南出版社 2021 年版，第 236—237 页）

二、廉洁文化生活化的必要性

加强廉洁文化建设，推动廉洁文化生活化走深走实，是新时代的一道必答题，也是一份"赶考卷"。日常生活是人们接受廉洁文化熏陶的终身场域，廉洁文化生活化是发挥廉洁文化价值导向、行为约束、环境净化功能的现实要求。

（一）发挥廉洁文化价值导向功能的需要

廉洁文化所蕴含的诸多价值理念，如克己奉公、崇廉拒腐和尚俭戒奢等，反映了社会公众对廉洁价值、廉洁规范、廉洁风尚的思想认同和精神追求，具有价值导向的功能。习近平总书记指出："价值观念在一定社会的文化中是起中轴作用的，文化的影响力首先是价值观

---

① 《习近平谈治国理政》第 1 卷，外文出版社 2018 年版，第 363 页。

念的影响力。"① 廉洁文化生活化有利于增强廉洁文化对民众价值观念的引导力，是发挥其价值导向功能的需要。

顺应时代之势，有利于培塑崇廉敬洁的道德情操。廉洁文化蕴含的崇廉敬洁价值观是中华民族五千多年来一直传承和追求的道德情操。古往今来，有关崇廉敬洁的事迹、诗词、格言不胜枚举，在民众日常生活中广为流传，既彰显了廉洁文化的正向引领之力，也反映了民众崇廉敬洁的价值追求。无论时代如何变迁，崇廉敬洁永远是时代的召唤。在强国建设、民族复兴的新征程上，习近平总书记强调："要坚持清正严明，形成正气弘扬的大气候，让那些看起来无影无踪的潜规则在党内以及社会上失去土壤、失去通道、失去市场。"② 这一重要论述，为加强新时代廉洁文化生活化指明了方向。廉洁文化生活化能有效延伸廉洁文化的触角，推动廉洁文化生活化抓在经常、融入日常、做在平常，注重典型引领、氛围熏陶、家风濡染，引导人们讴歌正义、鞭挞丑恶，鼓励人们学习廉洁榜样、争做廉洁先进，增强人们自觉监督和抵制腐败行为的责任意识，使清正廉洁、公道正派、忠厚老实等高尚价值观在新的时代背景下焕彩生辉，推动崇廉敬洁成为干部遵守、群众遵照、行业遵从、社会遵循的共同价值理念，有利于全党全社会培塑崇廉敬洁的道德情操。

把握现实之需，有利于加固拒腐防变的思想防线。在现实生活中，人们身处纷繁复杂的社会环境，面对形形色色的现实诱惑。有的党员干部经不住权力、金钱、美色的考验，生活腐化、道德败坏，步入腐

---

① 《习近平关于总体国家安全观论述摘编》，中央文献出版社 2018 年版，第 106 页。

② 《作风建设要经常抓深入抓持久抓　不断巩固扩大教育实践活动成果》，《人民日报》2014 年 5 月 10 日。

化堕落的深渊；而绝大多数党员干部则能始终保持思想定力，恪守廉洁自律。究其原因，截然不同的选择背后在于能否战胜内心的贪念和私欲，能否守住拒腐防变的思想防线。在利益主体多元化、社会价值取向多样化的今天，尽管绝大多数人痛恨腐败，但仍存在少部分民众对腐败问题保持沉默，甚至有的还在不遗余力地追逐。我们必须正视现实问题：某些党员干部生活奢靡、贪图享乐，同时也有部分民众凡是想办事，首先想到的是找关系、走后门。这些现象对廉洁文化生活化形成巨大挑战。习近平总书记强调："信仰、信念、信心是最好的防腐剂。"① 廉洁文化生活化能促使人们在日常生活中，经过"看、听、悟、行"等一次次思想洗礼，让廉洁文化真正深扎在内心深处，同时还能引导广大党员干部在精神上返璞归真、固本培元，坚守初心使命，坚定理想信念，增强做人的志气、骨气、底气，筑牢拒腐防变的思想道德防线。因此，将廉洁文化与日常生活紧密结合，切实发挥廉洁文化的价值引领功能，从思想上筑牢"不想腐"的思想堤坝。

立足生活之域，有利于涵养清廉自守的精神境界。在历史的长河中，廉洁文化始终以斗争的姿态，与日常生活中出现的嗔、痴、迷、贪、逐等腐败思想观念相较量，显现出顽强的生命力和强大的感召力，是滋养一代又一代中华儿女廉洁自律、不懈进取的宝贵精神财富。廉洁文化生活化是一种对非功利价值的普遍探求和向往，并非可有可无的装饰品，它广泛存在于家庭结构和社会组织等现实活动中。新时代廉洁文化生活化是一项充满人性魅力的社会实践活动。正如德国教育学家斯普朗格所指出："教育之为教育，正因为它是人格心灵的'唤

---

① 《解放思想深化改革凝心聚力担当实干　建设新时代中国特色社会主义壮美广西》，《人民日报》2021 年 4 月 28 日。

醒'，这是教育的核心所在。"① 通过廉洁文化生活化传播，向人们展示廉洁文化所倡导的生活理想，唤醒人们心灵中的真、善、美，引导人们追求更加美好、更加充实的人生。因此，以廉洁文化生活化为总牵引，将日常生活场域作为弘扬廉洁精神、传播廉洁价值的重要阵地，努力实现目之所及可见廉影、耳之所闻可听廉音、手之所触可感廉脉，提升廉洁文化传播力、穿透力和感召力。让廉洁文化走进日常生活，廉洁文化便会亲民而不再"高冷"，有趣但不失厚重，使人们在不知不觉中受到熏陶与教育，自觉提高思想境界、端正人生追求，以回归合乎人的本性的生活方式，有利于涵养清廉自守的精神境界。

链 接

让正风反腐给老百姓带来更多获得感

"江山就是人民，人民就是江山。""我们党的百年历史，就是一部践行党的初心使命的历史，就是一部党与人民心连心、同呼吸、共命运的历史。"② 从"让群众有更多的获得感"③，到"让正风反腐给老百姓带来更多获得感"④，再到"使人民获得感、幸福感、安全感更加充实、更有保障、更可持续"⑤，是习近平总书记关于正风反腐的重要新理念新思想新战略，是党的十八大以来全面从严治党和正风反腐

---

① 粟景妆：《斯普朗格：德国现代教育体系的开创者》，《教育与职业》2013年第19期。

② 《习近平著作选读》第2卷，人民出版社2023年版，第421页。

③ 《中国共产党宣传工作简史》（下册），人民出版社2022年版，第706页。

④ 习近平：《在第十八届中央纪律检查委员会第六次全体会议上的讲话》，人民出版社2016年版，第5页。

⑤ 《习近平谈治国理政》第3卷，外文出版社2020年版，第35页。

的鲜明价值立场和伟大实践成就。

这种马克思主义具体化的中国语言、老百姓听得懂的话语体系，从价值取向、政治目标、动力系统、评价标准等维度，体现了以习近平同志为核心的党中央关于全面从严治党和正风反腐的新理念新遵循，引领新时代党的管党治党、清廉中国建设展开新布局新实践，广大人民群众从具有许多新的历史特点的伟大斗争中经济获得感、政治获得感、文化获得感、社会获得感、生态获得感不断提升。在全面建设社会主义现代化国家的新征程上，正风反腐应聚焦"三大问题"（盘根错节的复杂问题、年代久远的遗留问题、长期形成的惯性问题），进行系统施治、重点整治，增进、充实和保障人民群众的更多获得感，厚植百年大党的政治基础和群众基础。

（资料来源：董瑛：《清廉中国：中国共产党治理腐败的时代图景》，人民出版社 2021 年版，第 68—69 页）

（二）发挥廉洁文化行为约束功能的需要

廉洁文化既是一种价值取向，又是一种实践指向。它所内含的价值观念、思维方式、规范准则能够启迪思想、温润心灵、警醒灵魂，具有行为约束功能。廉洁文化生活化，让人们在日常生活中不断接触和感受廉洁文化，在无形中形成约束，引导人们自觉调整自身行为，按照廉洁文化所倡导的行为规范去用权和行事。

以廉洁教育警示触动，因敬畏而"不敢腐"。发挥廉洁教育的基础作用，是加强新时代廉洁文化生活化的重要内容。廉洁教育如同一面明镜，警示人们要时刻保持清醒的头脑，触发人们对廉洁的敬畏，促使廉洁文化的核心价值观内化于心、外化于行，规范和约束人们的外在行为方式。廉洁文化生活化是开展廉洁文化教育的有力支撑，推动廉洁教育以更直接、更形象、更有效的方式融入日常生活，使广大党员干部和群众不断接受廉洁文化的洗礼，在日复一日的教育熏陶中形成"不敢腐"的内在道德约束，使崇廉拒腐成为党员干部和群众共同坚守的道德操守。

　　具体而言，廉洁教育抓在经常、融入日常，要注重从正反两个方面开展。一方面是反面警示威慑，通过运用典型案例和"身边案"开展警示教育、制作警示短视频及忏悔纪录片等形式，对腐败思想和行为进行深刻剖析和有力鞭挞，深化人们对贪污腐败所付出的成本和风险代价的认知，以期形成长效威慑，促使人们基于利益考量和价值权衡而戒除有损廉洁的行为。另一方面是正面激励引领，通过宣传党风廉政建设和反腐败斗争中取得的重大成果以激励人、鼓舞人，采用抓实理论学习、致敬廉洁时代楷模、开展勤廉榜样宣传等方式教化人、感染人，不断陶冶党员干部、民众的思想情操。总之，廉洁文化教育必须紧跟时代发展步伐，在日常生活场域中积极探索廉洁教育的方式方法，给予受教育者深刻触动和警示，使人们"常掸思想之尘"，做到警钟长鸣、防微杜渐，进而使廉洁文化行为约束功能更好地发挥作用。

　　以廉洁制度约束贪欲，因制度而"不能腐"。在廉洁文化生活化中，制度建设带有根本性、全局性、稳定性和长期性特点。邓小平曾指出："制度好可以使坏人无法任意横行，制度不好可以使好人无法充分做好事，甚至会走向反面。"[①] 在当前法律制度较为完善的情形下，还有少数公职人员的廉洁意识淡薄、法治意识欠缺，在行使公共权力时还出现以言代法、以权压法，甚至徇私枉法等腐败乱象，严重损害了法律法规的权威性和公信力。其实，反腐的治本之策，在于

---

① 《邓小平文选》第2卷，人民出版社1994年版，第333页。

"硬约束"制度和"软约束"文化的相融共进。通过融入日常生活，廉洁文化能够更好地被人们接受和认同，进而形成社会普遍的文化共识和文化自觉。这种文化共识与文化自觉有助于党员干部及普通民众更加自觉地遵守道德准则和法律法规，并积极抵制和勇于揭露腐败行为，从而构建一个有利于散发制度魅力和价值的廉洁人文环境，推动廉洁文化制度不断完善和高效执行。此外，廉洁文化本身也包含着反映价值理念的行为规范，能从伦理道德、历史传统、风俗习惯等各种非正式制度层面对人的行为起到约束和规范作用，推动人们在日常生活中约束自己的不良行为，以廉洁制度约束贪欲，达到因制度而"不能腐"的效果。

以廉洁理念启智润心，因觉悟而"不想腐"。廉洁文化生活化向全党全社会传播健康向上、积极进取、清正廉洁的价值理念和道德情操，具有强大的精神凝聚力。从现实来看，尽管纪律严明、法律健全、制度完善，还是有人突破或僭越理性的防线。因此，实现由"不敢腐、不能腐"向"不想腐"的转变，仅靠法律法规、党规党纪的"硬约束"还不够，还需要加强廉洁文化生活化，发挥廉洁文化"看不见"的软约束作用，从源头上预防腐败现象的发生。正如习近平总书记所指出："一个人的清正廉明，从根本上讲不能完全靠外部约束，而要靠自觉自律。自觉自律是人向上向善的内在动力。"① 廉洁文化生活化旨在增强廉洁文化的影响力、浸润力和感染力，能够促使廉洁理念逐步从国家意识、政党意志潜移默化为民众意识，引导民众在日常生活工作中思廉、倡廉、践廉，并形成全社会共同抵制和谴责腐败行为的舆论氛围以及"廉荣贪耻"的社会道德评价标准，对腐败分子产生心理上的压力和道义上的谴责，这是一种无形且强大的约束力。在

---

① 《习近平著作选读》第 2 卷，人民出版社 2023 年版，第 113—114 页。

廉洁文化的熏陶下，人们会自觉或不自觉地对自己的思想、态度和行为进行反思和检验，进而对不廉洁行为产生憎恶的情感和约束性的道德力量，主动抵制腐败思想的侵袭，这种因觉悟而"不想腐"的心态是廉洁理念启智润心所追求的最高境界，也是廉洁文化行为约束功能的充分彰显。

链　接
▼

年轻干部要守住"五关"

清清白白做人，干干净净做事，是年轻干部从成长到成熟的终身必修课。拒腐防变的防线既是防止腐化变质的底线、保护线，也是廉洁从政的红线、高压线。防线防什么、守什么，层层在哪里，处处在何地，守住"五关"可谓有的放矢。

守住政治关。对党忠诚，是年轻干部的首要政治品质和政治生命线。守住政治关，必须时刻绷紧旗帜鲜明讲政治这根弦，在大是大非面前、在政治原则问题上做到头脑特别清醒、立场特别坚定，决不当两面派、做两面人，决不拿党的原则做交易。

守住权力关。始终保持对权力的敬畏感，坚持公正用权、依法用权、为民用权、廉洁用权。时刻牢记权力是党和人民赋予的，是为党和人民做事的，只能用来为党分忧、为国干事、为民谋利，正确处理公和私、情和法、利和法的关系。

守住交往关。交往必须有原则、有规矩，不断净化社交圈、生活圈、朋友圈。年轻干部在社会交往中，不能有贪心私心，不能以权谋私。在推杯换盏中放松了警惕，在轻歌曼舞中丧失了人格，在亲朋好友的情面中退让了底线，在网络游戏、奢靡享乐里迷失了自我，因小节而失大德的例子并不少见。

守住生活关。培养健康情趣，崇尚简朴生活，永远保持共产党人本色。"巴豆虽小坏肠胃，酒杯不深淹死人。"这揭示了由量变到质变的深刻哲理，也是一些年轻干部刚入仕途就误入歧途的深刻教训。

守住亲情关。严格家教家风，既要自己以身作则，又要对亲属子女看得紧一点、管得勤一点。防止"枕边风"成为贪腐的导火索，防止亲属子女打着自己的旗号非法牟利，防止身边人把自己拉下水。

（资料来源：陈治治、张硕：《年轻干部要守住"五关"》，人民日报出版社 2022 年版，第 5—6 页）

（三）发挥廉洁文化环境净化功能的需要

廉洁文化生活化通过面向全党全社会褒扬廉洁行为，鞭挞腐败现象，有利于扶正祛邪，营造良好的政治生态、社会风貌和生活环境，使人们在不知不觉中将廉洁文化内化于心、外化于行，对于发挥廉洁文化环境净化功能具有现实意义。

净化党风政风，营造山清水秀的政治生态。自然生态要山清水秀，政治生态也要山清水秀。政治生态集中反映了一个地方或部门的政治生活现状以及政治发展环境，是党风廉政建设的风向标。习近平总书记强调："解决党内存在的种种难题，必须营造一个良好从政环境，也就是要有一个好的政治生态。"[①] 党的十八大以来，各种违规乱纪行为被严厉查处，各种官场陋习和潜规则被大力摧毁，"车轮上的铺张""舌尖上的浪费""会所中的歪风""节日中的腐败"等问题得到有效遏制。然而，仍有不少地方系统性、塌方式腐败案件频现，极大损害

---

① 《习近平关于党风廉政建设和反腐败斗争论述摘编》，中央文献出版社、中国方正出版社 2015 年版，第 87 页。

党和政府的形象，对政治生态造成严重污染。对于净化政治生态而言，廉洁文化是一种更基本、更深沉、更持久的力量。廉洁文化生活化能够将廉洁文化所倡导的价值理念、优良传统深入党员干部的思想和心灵，净化党风政风，让歪风邪气在党员干部的日常工作生活中无所遁形，推动"干部清正、政府清廉、政治清明"良好政治生态的构建。

净化社风民风，培育风清气正的社会风貌。清正廉明的社会环境和社会风气，是实现国家长治久安、百姓安居乐业的重要保障。当前，正处在思想活跃、观念碰撞、文化交融的时代，社会风气存在一些不容忽视的问题。如一些人价值观的缺失，滋生"笑贫不笑贪""马无夜草不肥""天下乌鸦一般黑""朝里有人好办事"等腐化心理。这些不正之风和腐败现象如同毒瘤，给群众带来直接、强烈的痛感，侵蚀社会的健康肌体，挑战公平正义的底线。在新时代新征程上，廉洁文化生活化的成效好坏直接关系社风民风和公民道德素养的面貌。以文化人，非一日之功；廉洁文化生活化贵在水滴石穿。通过推动廉洁文化融入大众的日常生活，能持之以恒地影响和规范人们的思想行为，向一切污染社会风气的生活弊病、隐患开战，进而从思想道德上消除腐败现象赖以滋生的文化土壤。总之，廉洁文化生活化从源头入手、根基发力，在全社会大力弘扬办事公道、遵纪守法、求真务实等"崇廉尚洁"价值导向，使之深入人心，进而形成一种"廉荣腐耻"的社会舆论压力，不断提振社会公平正气，引领民风社风持续向善向上，让每一个社会成员都能在"弊绝风清"的社会生态中清爽呼吸、干净办事。

净化家教家风，创造健康洁净的生活环境。古语有云："家风正，则后代正，则源头正，则国正。"家庭是社会有机体的细胞，是人生中的第一所学校，承载着亲情维系、道德养成、文化价值观传承等重要功能，在倡廉防腐方面作用特殊、责任重大。毫无疑问，一个家风正、充满廉洁气息的家庭，其家庭成员能够在潜移默化中提升道德修养，树立正确的公私观、权力观、廉洁观，形成崇廉尚洁的思想意识和行为习惯；而一个家风不正，缺失廉洁之风浸润的家庭，其家庭成员可能变得好逸恶劳，精神松懈，容易滋生贪腐之念。因此，家风的好坏，不仅影响个体成长及家庭氛围，更影响整个社会风气的好坏。

家风关系党风，连着政风。"领导干部的家风，不是个人小事、家庭私事，而是领导干部作风的重要表现。"① 可见，营造良好家风，就是筑起抵御贪腐的一面坚硬盾牌。作为家庭的精神灵魂，廉洁家风的形成与传承离不开日常生活的点滴实践。正如土壤孕育花朵，家庭生活中的每一个细节都是培育和实践清廉家风的肥沃土壤。因此，培育廉洁家风，就必须将廉洁文化有机融入家庭生活的每一个角落。廉洁文化生活化意味着要将廉洁理念和智慧有机融入家庭生活中，使清廉元素在日常生活中随处可见，浸润人心，也是廉洁理念成为家庭价值导向和行为准则的关键所在。当廉洁文化深深扎根于每个家庭之中，家教家风自然就能够得到净化，不仅滋养家庭成员的心灵，更在无形中影响着他们的社交圈子，进而带动整个社会风气向好，创造健康洁净的生活环境。

链 接
▼

日常生活是传承优良家风家训的最佳时空（节选）

家训的传承有赖于日常生活中的实践，也只有融入日常生活中的家训才会对生活产生积极影响。在裴柏村，以及礼元村、闻喜县，都

---

① 《科学统筹突出重点对准焦距　让人民对改革有更多获得感》，《人民日报》2015 年 2 月 28 日。

把裴氏家训的传承创新实践贯穿百姓生活的方方面面。

日常生活是实践家风家训的广阔平台，也是传承优良家风家训的最佳时空。在裴柏村，家风家训的传承不仅在岁时节日、庆典仪式上，更融汇在柴米油盐的每一天。

裴国臣家是传承家风先进之家。裴国臣老人时常在广告纸的背面随手记录家风家训和自己的思考，而且他有记日记的好习惯，日记的扉页上写着："律己以廉，抚民以仁，存心以公，莅事以勤。"时刻以家训文化警醒自己。他在日记中记录了老伴省吃俭用的节约精神和与邻和睦、共享共用的精神。他在2018年元月6日的日记中写道："水在常人看来很简单，但老伴要求很严。从不让浪费一滴水，刷缸时，洗菜水等从不让乱倒。吃饭时，特别是喝米汤、从不让碗底剩一粒米，必须吃得干干净净。随手关灯，只要房内无人，必须关灯，家里所有灯，不得随便开。"

在他的日记里记录着对裴氏家族事业的参与和对裴氏家训文化的学习和反思。比如，他锻炼途中听闻两位村民谈论小时候的偷窃问题，便在日记中写道："说明从小就要培养孩子有好作风和教育的重要性。"裴国臣树立了良好的家风，以实际行动感染和熏陶着子孙后代，他在日记中写道："看到女儿在自身的影响下团结邻里，帮助他人，十分欣慰。"他对家风家训文化的积极实践影响着周围人，是家风家训文化的积极宣传者。

除了裴氏家族家训文化影响着裴国臣，他还积极学习其他家族、其他村落的优秀文化，勉励自己，如曾国藩的家规、记住乡愁栏目中的"廉村"等都影响着裴国臣，从他者的文化中汲取力量和源泉，为裴氏家风家训的传承增添了更多文化氛围。

（资料来源：邵凤丽：《家风家训与乡风文明建设：山西闻喜裴柏村的个案研究》，中国社会科学出版社2020年版，第194—198页）

三、廉洁文化生活化面临的挑战

廉洁文化生活化建设是一项需要在实践中不断探索的系统工程，任重而道远，在"求取真经"的征途中不可避免会面临挑战。习近平总书记在党的二十大报告中强调，"坚持发扬斗争精神"，"全力战胜前进道路上各种困难和挑战，依靠顽强斗争打开事业发展新天地"。[①]面对挑战，我们必须清醒认识、沉着分析、积极应对，以更坚定的决心和更有力的举措，将廉洁文化的"光芒"照亮生活的每个角落。

（一）"方兴未艾"：廉洁文化建设不到位

党的十八大以来，在以习近平同志为核心的党中央坚强领导下，廉洁文化建设成效显著。然而，廉洁文化建设是一项复杂的、艰巨的、长期的系统工程，不可一蹴而就，也不可一劳永逸，还存在一些薄弱环节，主要表现为廉洁文化建设不到位。

对廉洁文化建设缺乏准确全面系统的认识。在现实生活中，部分党员干部不注重理论学习，政治上缺乏敏锐性，对党的方针政策缺乏深入理解，出现对廉洁文化建设认识不到位、理解不透彻、重视程度不够的情况，主要体现为三个方面。一是对"廉洁文化"这一概念理解不科学、不准确。一些党员干部将"廉洁文化"简单地等同于"廉政文化"，未能深刻认识到廉洁文化建设不仅包括公共权力机关人员

---

① 习近平：《高举中国特色社会主义伟大旗帜 为全面建设社会主义现代化国家而团结奋斗——在中国共产党第二十次全国代表大会上的报告》，人民出版社2022年版，第27页。

廉洁从政这一内容，也包括"推动构建亲清政商关系和清廉社会生态"① 等更为广泛系统的内容。这种浅薄的理解忽视了廉洁文化作为一种深层社会文化现象的复杂性和广泛性，导致新时代廉洁文化建设缺乏全面性。二是对廉洁文化建设的地位和作用认识不充分。部分党员干部存在急功近利的心理，未能充分认识到廉洁文化建设的重要性、紧迫性和长期性，常常认为经济工作和业务工作是硬指标，政绩是看得见抓得着的，而视廉洁文化建设为软指标、花架子，难以直接产生效益，对廉洁文化建设工作不重视，往往只是草草应付了事。三是部分党员干部忽略廉洁文化系统化建设的深远意义，片面认为廉洁文化建设远不如查办案件、惩治犯罪见效快、影响大，也不如加强监督、完善制度作用实，陷入"口头上重视、行动上轻视、忙碌时忽视"的怪圈。以上思想认识的偏差给新时代廉洁文化生活化带来巨大挑战。

廉洁文化建设工作落实不到位。廉洁文化建设的关键在于落实，唯有付诸实践，方能见其成效。当前，廉洁文化建设在实际推进过程中还存在诸多矛盾和问题，亟须重视并加以解决。一是在推进廉洁文化建设的过程中，存在形式主义泛滥的不良情况。有些部门和单位领导干部热衷于标新立异，搞一些"摆拍""名堂"以完成某些指标或应付上级检查，开展活动时轰轰烈烈，活动结束后就束之高阁，与人民群众的实际需求脱节，存在走过场、唱空调的问题。二是廉洁文化建设实践措施零散，缺乏有效整合。廉洁文化建设的实践措施多种多样，包含宣传报道、教育培训、实践活动、图书编辑、文艺创作等多种方式，在实践中，廉洁文化建设往往采取"点"的努力而未形成

---

① 赵乐际：《运用党的百年奋斗历史经验　推动纪检监察工作高质量发展　迎接党的二十大胜利召开——在中国共产党第十九届中央纪律检查委员会第六次全体会议上的工作报告》，《人民日报》2022 年 2 月 25 日。

"面"的整合，或仅将其限定为形式上的宣传教育，又或出现零敲碎打、各自为战等问题，缺乏系统性的构架和相互之间的有机衔接，无法形成一个完整、有效的廉洁文化生态系统。三是廉洁文化建设创新性不足，难以深入人心。不少地方的廉洁文化建设存在创新驱动力不够，手段不够灵活多样，载体不够丰富有效，缺乏人民喜闻乐见和生动活泼的文化素材和活动形式，难以满足不同层次群体的实际需要，难以实现寓教于乐、潜移默化的教育效果，亲和力、吸引力、感染力不足，缺乏实效性。

廉洁文化建设体制机制不健全。全方位扎实推进新时代廉洁文化建设，离不开健全科学合理的体制机制。当前，廉洁文化建设体制机制仍存在与新形势新要求不适应的方面：一是缺乏有力的领导体制和工作机制，部分地方基层党委、政府尚未将廉洁文化建设纳入重要工作议程，领导机制不健全，组织化、制度化、规范化程度偏低；二是廉洁文化社会支持机制尚未健全，当前廉洁文化建设主要集中在机关事业单位、科研院所和高校，向社会、企业、乡村、家庭的延伸力度明显不足，导致廉洁文化建设缺少广泛多元的促进力量，全社会共建共享的活力尚未得到有效释放；三是廉洁文化建设的配套体制机制不完善，开展廉洁文化建设所需的硬件设施投入、经费保障、人才队伍保障等配套机制缺乏相关规定，导致廉洁文化建设效果不佳；四是廉洁文化建设的评价激励机制不健全，当前存在评价主体单一化和评价监督弱化以及评价标准不明确等问题，一定程度上制约了党员干部的工作积极性和创造力。

链　接

▼

正确处理社区廉政文化建设的两种关系

社区廉政文化建设是一项复杂的工作，包括很多内容，比如中央廉政工作思想和方针政策的宣传教育工作、政府和党员干部廉洁形象的塑造工作、廉洁自律文化氛围的培养工作等。在这些纷繁复杂的事务中，我们必须正确处理好以下两种关系。

第一，教育性和娱乐性的关系。文化活动往往先考虑其娱乐性，但在社区廉政文化建设中，首先必须注重文化活动的教育性。在建设社区廉政文化时，应引导社区党员干部和居民群众在参加廉政文化活动时能受到一种正确的人生观、世界观、价值观教育，树立廉政思想，自觉自发实行清廉行为。其次，廉政文化活动也要有趣味性。想要党员干部和广大居民群众都广泛参与到社区廉政文化建设中来，就要增强廉政文化活动的吸引力，就要采用群众喜闻乐见的方式，就要使活动变得生动有趣。总之，办好廉政文化活动必须坚持教育与娱乐两者并重。文化互动既要有思想性和知识性，也要有艺术性和趣味性。优秀的社区廉政文化活动能让人在接受艺术熏陶的时候，也接受廉政思想，树立廉政意识，从而形成良好的社区廉洁风气。

第二，领导干部带头与群众参与的关系。领导干部积极带头是社区廉政文化建设的组织保障，而广大居民群众的踊跃参与则是社区廉政文化建设生机和活力的保障。社区廉政文化建设是一项全员性工作，需要各级领导、党员干部和广大人民群众共同参与。只有领导干部积极参与其中，社区廉政文化建设才能发挥其应有的功效。领导干部更应把自觉积极参与廉政文化活动看作是认真履行党的群众路线和自觉接受人民群众监督的有效途径。

（资料来源：陈范华主编：《新时代廉政建设探索与实践》，武汉大学出版社 2022 年版，第 70—71 页）

（二）"孤掌难鸣"：纪检监察机关一肩挑

纪检监察工作是廉洁文化建设的重要组成部分。在新形势下，纪检监察机关担负着依法监督公职人员严守底线，依规依纪对公共权力的运行进行制约和监督的职责。但是，当前党内监督和国家机关监督、党的纪律检查和国家监察工作大部分由纪检监察机关"包揽"，一"铁肩"挑起整个国家党风廉政建设的重任，也为新时代廉洁文化建设带来巨大挑战。

"单打独斗"和"协调联动"的矛盾拉低廉洁文化建设的效率。纪检监察机关作为制约和监督权力的"领头羊"，在党和国家纪检监察体系中发挥核心作用。常言道"众人拾柴火焰高"，单单靠纪检监察机关难以完全覆盖整个国家政权和权力运行的每个角落。若要真正使监督执纪职能充分展现，纪检监察机关往往需与审判机关、检察机关、执法部门、公安机关等多个职能部门密切配合、相互协作，合署办公、共同督办。但在实际工作中，本应由纪检监察机关牵头组织或协调实施的工作，最终演变为纪检监察一家"单打独斗"，工作上"大包大揽"，事事牵头、样样主抓，并没有实现相互协调联动的紧密协作，导致工作效率大打折扣。

造成这一问题的原因是多方面的。一是机制不畅，统筹运行有阻碍。党中央一体化推进纪检监察体制改革，形成纪律、监察、派驻、巡视"四个全覆盖"的监督格局。在实际工作中，"四个全覆盖"分别由不同机构安排部署，机构间各管一块、单兵作战、行无定式，无法打破孤岛、聚拢五指。二是职责不清，权限职能有交叉。《中国共产党纪律检查机关监督执纪工作规则》（简称《规则》）中明确了监督监察重点，规范了监督模式。但是，《规则》对各纪检监察机关（如纪委监委）的监督主体由谁来统筹、职责如何分工、合作如何开展等并无详细规定。实际上监督部门存在多个，各监督部门的职责有交叉和重叠，若部门持着"多一事不如少一事"的态度，都将工作推向对方，也会导致纪检监察工作难以有序开展，拉低廉洁文化建设的效率。

"意义非凡"和"定位模糊"的矛盾干扰了廉洁文化建设的方向。众所周知，纪检监察是一项强基筑魂工程，作为"开山斧""救火队"，党和国家各项工作的良性开展离不开纪检监察机关作用的发挥。优化监督执纪工作，不仅能及时督促和纠正不法行径、错误路线、政策执行不到位等情况，铲除腐败滋生的土壤，推进党的自我革命，确保全面从严治党取得更多战略性成果，而且为推动新时代廉洁文化高质量发展提供坚强有力的政治保障、思想保障、组织保障和作风保障，引领廉洁文化建设新风尚。但从现实情况看，纪检监察工作实际开展中呈现"模糊不清"的态势，干扰廉洁文化建设的方向。

一是纪检监察部门自身"认识不到位"，部分纪检监察干部对党要管党、从严治党的重大责任认识不深刻、不清晰，责任感、使命感不强，担心严肃办案可能影响纪监部门形象，在开展监督工作中拉不下脸、下不了手，一定程度上存在不愿办案或者是大事化小、小事化了的私心。二是人民群众对纪检监察工作"认识不到位"，认为纪检监察机关和贪官污吏"沆瀣一气"，乃"一丘之貉"，无论如何"打虎""拍蝇""猎狐"，只会"睁一只眼闭一只眼"，最后都不了了之。殊不知这些错误思想，不仅严重阻碍纪检监察部门职责的履行，还将廉洁文化建设引向"旁门左道"，与社会主义主流价值观背道而驰。

"任务繁重"和"力量薄弱"的矛盾弱化了廉洁文化建设的力度。

纪检监察工作始终是党风廉政建设的重要组成部分，纪检监察机关开展党风廉政建设和反腐败斗争，能让廉洁文化建设走深、走实。新时代以来，随着世情、国情、党情、社情的日益复杂，反腐败斗争形势日趋严峻，纪检监察工作覆盖的领域和范围与日俱增，监督对象众多，其任务愈来愈繁重、难度愈来愈大。日益繁重的任务常常压得纪检监察部门"喘不过气来"，特别是我国基层纪检监察工作专业人员不足问题十分突出。一方面，人员配备不足。专职从事纪检监察工作的人员较少，且多为借调人员，纪监工作只是其"副业"，导致纪检监察力量薄弱。如宁波市奉化区纪委监委第三派驻纪检监察组组长胡忠曾说："我们组只有 3 个人，却有 8 个被监督单位，监督对象多，队伍大，监督力量不足，很容易使工作浮在表面。"①

另一方面，基层纪检监察干部队伍专业素养参差不齐。有些是村干部，有些是从其他行政、党务部门或乡镇调入，多属"半路出家"，没有受过专业训练和教育，完全凭感觉开展纪检监察工作，办案专业性不强，业务能力低下。例如，杭州市上城区监察局副局长张敏道出基层纪检监察干部队伍中的人员结构问题："目前基层任用没有长期规划，专职纪检干部新手较多，他们在从事纪检业务之前，基本没有接受过系统的岗位培训，不懂纪检业务，更谈不上专和精，尤其是缺乏纪律审查等业务能力，导致执纪监督问责中存在'本领恐慌'、对上级纪委过于依赖等问题。"② 由此可知，纪检监察机关面临"工作繁重"与"人手不足"的矛盾，引发一系列连锁反应，其中一点，本该由纪检监察部门着力开展的廉洁文化宣传和建设，却因人员不足而

---

① 《片组协作：监督如何从"单兵作战"到"兵团出击"》，中央纪委国家监委网站 2018 年 9 月 12 日。

② 康潇宇：《素质和能力有何不足?》，《中国纪检监察报》2015 年 6 月 3 日。

"淡化"或"搁置",想着工作如此大费周章不如"得过且过",导致廉洁文化建设偏离预定轨道,大大弱化其建设的力度。

链　接

适应形势要求,改革国家监察体制

为了适应新时代党的廉政建设任务目标要求,在强化党内监督的同时,中国共产党从执政的视角加大了对国家监督制度的顶层设计,改革国家监察体制机制。对此,根据新时代要求,习近平总书记提出,既加强党的自我监督,又加强对国家机器的监督……要在党的统一领导下,扩大监察范围,整合监察力量,健全国家监察组织架构,形成全面覆盖国家机关及其公务员的国家监察体系[①],并且在北京、山西和浙江三地先行试点。在前期论证及试点的基础上,党的十九大报告明确宣布"实现对所有行使公权力的公职人员监察全覆盖。制定国家监察法"[②]。2018 年 3 月 23 日,国家监察委员会挂牌成立。之后,注重收拢五指、重拳出击,多管齐下,很快形成严厉打击惩治各级各类腐败的高压态势。仅在国家监委成立的当年,立案审查的中管干部就高达 68 人之多。该年度,全国纪检监察机关共立案 63.8 万件,处分 62.1 万人,实现纪检机关恢复重建以来的最高值。在这一反腐高压威慑下,掀起了党员干部主动交代违纪违法问题或主动投案自首的风潮,净化了党风、政风、社会风气。

(资料来源:单卫华、王群、许华:《中国共产党廉政文化建设史论》,济南出版社 2021 年版,第 234 页)

---

① 《习近平谈治国理政》第 2 卷,外文出版社 2017 年版,第 169 页。

② 《习近平谈治国理政》第 3 卷,外文出版社 2020 年版,第 53 页。

（三）"与我无关"：普通群众的认知偏差

廉洁文化建设的价值目标是"为人民"，让人民群众在新时代有更多幸福感、获得感、成就感，因此廉洁文化建设的实施和保障需要充分依靠人民群众的认同与支持。但是，当前形势下却出现与构想"相悖"的现象，部分群众漠视廉洁文化建设，不理解、不参与，有甚者竟公然与廉洁文化"唱反调"。

"事不关己"的漠视态度，背离廉洁文化建设的"初心"。部分群众主体意识淡薄，漠视生活中的一切，认为廉洁文化建设是纪检监察机关、党政部门及党员干部的事，与自己毫不相干，他们抱着"事不关己高高挂起"的消极冷漠态度，总是觉得"多一事不如少一事"。造成这种现象的原因有多种：其一，有人甘愿沦为参与腐败的"局中人"，中国几千年的"人情社会"，让身处其中的群众潜意识地参与到腐败活动中。其二，有人甘做对腐败视而不见的"局外人"，认为腐败不会影响个人切身利益，对腐败持中立态度。殊不知这种"各人自扫门前雪，莫管他人瓦上霜"的处事态度，背离了廉洁文化建设的"初心"——为人民。人民是国家的主人，也是社会的主人，新时代廉洁文化建设离不开每一位社会成员的拥护与参与，需要党政宣传机关和基层单位充分调动群众参与廉洁文化建设的积极性、主动性，全方位、深层次引导群众改变漠视态度，利用身边每一处资源宣廉倡廉，激发群众参与廉洁文化建设的主人翁意识。

"因噎废食"的麻痹思想，动摇廉洁文化建设的"信仰"。在普通群众中存在一种思想，有人看到当前廉洁文化建设出现些许差错或成效不显著，就觉得廉洁文化建设只是"花架子""做样子""走过场"，毫无意义，滋生"因噎废食"的麻痹思想。其实，作为普通群众应助力周围群众改变陈旧的惯性思维，在看待问题时，应分清主流和支流，把握矛盾的主要方面，不被次要的、消极的一面所影响，从而忽视事物的本质。同时应保持积极向上的心态，勇敢面对挑战，克服消极麻痹的思想，对未来满怀信心，唯有如此，廉洁文化建设的"信仰"，才会被更多人所"敬仰"。然而，在现实生活中部分群众对廉洁文化建设心生排斥和恐惧的麻痹思想，严重以偏概全，让本该以饱满的热情和充实的信心开展的廉洁文化建设，演变为人人有所疑虑、处处有所顾忌的"豆腐渣工程"，动摇群众对廉洁文化建设的"信仰"。这些思想将导致人们对廉洁文化建设缺乏动力、失去进取心，甚至影响国家的发展和社会的进步，必须坚决予以抵制和克服。

"搬弄是非"的逆反心理，扭曲廉洁文化建设的"本真"。近年来，随着科技的迅猛发展，互联网等新媒体技术迭代更新，无论是网络还是现实世界中，涌现一批新式"水军"群体，他们借助互联网隐蔽性的"外衣"，在幕后充当"键盘侠"，大肆抨击我国当前反腐败斗争、廉洁文化建设等方面存在的问题，以发泄心中的不满。这类群体极易"带节奏"，煽动身边其他群体共同传播"负能量"，若其他群体不受其"蛊惑"，就通过道德绑架、恶意曝光、人肉搜索等方式发动"网络暴力"，利用"网暴"整治这群"反对者"，使其生理和心理遭受摧残，改变舆论风向，以此泄愤。其实，廉洁文化建设的"本真"，是利用廉洁文化的宣传消除贪腐之恶，使廉洁奉公、崇廉尚俭理念深入人心，最终形成崇廉、戒贪、戒嗔、戒痴的社会风尚，提升人们的幸福指数。但是，"挑拨生事"的逆反心理如同病毒，时刻腐蚀着主流文化的肌体，败坏党风社风民风，如再不加以制止和铲除，其"罂粟之花"将会遍地滋生蔓延，进而使廉洁文化建设终究沦为别人口中的"花架子"。因此，只有人人关心廉洁文化建设、人人参与廉洁文化建设，营造风清气正的网络环境，广大群众才能充分认识到廉洁文化建设不仅是党风廉政建设的应有之义，更是人民群众根本利益所在和幸福所系。

链　接

▼

狠刹公款享乐奢靡歪风（节选）

严肃纠治公款享乐奢靡问题，是落实中央八项规定精神一以贯之的重要内容。

狠刹享乐奢靡歪风，首先要看牢公款"钱袋子"。公款姓公，一分一厘不能乱花，更不容贪占私用。新时代全面从严治党从纠治公款大吃大喝，公款购买赠送月饼、贺卡等问题抓起，小切口推动大变局，有力遏制了公款享乐奢靡现象，党风政风焕然一新。但不正之风具有顽固性、反复性，持续高压之下，仍有一些人觉得公家的饭"好吃"、公家的钱"好花"，顶风违纪挥霍公帑，损害党群干群关系。"以俭立名，以侈自败"。艰苦奋斗、勤俭节约是我们党的光荣传统，也是新征程上必须大力弘扬的优良作风，任何时候都不能丢。

纠治公款享乐奢靡问题，必须对公款吃喝重拳出击。在各类公款享乐奢靡问题中，公款吃喝最为顽固、危害最大，与"吃老板""吃下级"等现象相互交织，容易滋生团团伙伙和腐败等问题，必须集中发力、深入纠治。当前，全国面上公款吃喝问题明显减少，但一些地区、领域问题仍然多发，要综合分析监督检查、审查调查、巡视巡察、信访举报等情况，找准问题突出的地区、系统，一体落实主体责任、监督责任，对顶风公款吃喝问题开展专项严查严处。发生在群众眼皮底下的公款吃喝得到有力遏制，但不少问题由明转暗、潜入地下，伪造公务接待事项"吃公函"的有之，在内部食堂公款吃喝的有之，借招商引资、经营营销活动大吃大喝的有之，必须精准把握公款吃喝隐形变异新情况新动向，靶向开展纠治。

管住管好公款，必须在"治根"上下大气力。纠治公款享乐奢靡问题，既要在查处问题上从严，又要在堵塞漏洞、铲除土壤上发力，实现常态长效。牵住责任"牛鼻子"，督促各级党组织严格落实厉行节约、反对浪费各项规定，对公务活动安排、公共财物管理使用等加强审批、监管，不搞变通、不开口子，严格干部教育管理监督，发现苗头倾向问题及时提醒纠正，用党政机关"过紧日子"换来老百姓"过好日子"。织密制度"防护网"，做实以案促改，督促地方、部门进一步完善公务接待、商务招待、公房公车管理使用、财务报销等方面的规定，用好信息公开等手段，堵住制度和监管漏洞。

（资料来源：纪锋：《狠刹公款享乐奢靡歪风》，《中国纪检监察报》2024 年 4 月 29 日）

总之，日常生活是与每个人的生存息息相关的领域，是每个人都以某种方式从事的活动。新时代廉洁文化生活化是一项具有开创性的工作，是一个常议常新的课题，是发挥廉洁文化价值引领、约束行为、净化环境的迫切现实要求，也是纵深推进全面从严治党和解决党风廉政问题的有力之道。诚然，新时代廉洁文化生活化建设任重而道远，不可避免地会面临各种挑战。应对挑战，我们必须清醒认识、迎难而上，以更坚定的决心和更有力的举措，将廉洁文化的"光芒"照亮民众日常生活的每个角落。

第二章

夯实廉洁主体：
让廉洁文化引领日常生活

文以化人，廉以养德。廉洁文化以廉洁为价值旨归，融价值理念、行为规范和社会风尚为一体，并通过规章制度、行为规范、价值取向等表现出来。廉洁主体不仅有党员干部，还包括社会公众。当前，应当夯实廉洁主体，推动各方紧密结合、共同发力，持续推动廉洁文化建设走深走实，让廉洁文化引领日常生活。

一、引导领导干部明大德、守公德、严私德

政无德不兴，官无德不为。政德是中华优秀传统文化的重要组成部分，历朝历代思想家、政治家对政德的论述鞭辟入里，如"以公灭私，民其允怀""公正无私，一言而万民齐""身多疾病思田里，邑有流亡愧俸钱"等都告诫我们如何从政为官。习近平总书记强调："领导干部要讲政德。政德是整个社会道德建设的风向标。立政德，就要明大德、守公德、严私德。"① 政德是为官之本、为政之要。新时代领导干部应切实加强政德修养，修好对党忠诚的"大德"，厚植造福人民的"公德"，锻造严于律己的"私德"，时刻做到以德立身、以德服众。

（一）修好对党忠诚的"大德"

忠诚是人类共通的美好价值，是源于人性的一种古老美德。对党忠诚，是中国共产党人宝贵的政治品格，是领导干部在大是大非面前坚守立场的根本底线。习近平总书记强调："衡量干部是否有理想信念，关键看是否对党忠诚。领导干部要忠诚干净担当，忠诚始终是第一位的。"② 领导干部要坚守对党忠诚这一修德之基，始终坚定党的理想信念，始终与党中央保持一致，始终忠于党的伟大事业，不断提高

---

① 《习近平关于全面从严治党论述摘编（2021 年版）》，中央文献出版社 2021 年版，第 342 页。

② 《习近平谈治国理政》第 3 卷，外文出版社 2020 年版，第 519 页。

政治判断力、政治领悟力、政治执行力，为党分忧、为党尽职。

对党忠诚，必须坚定党的理想信念。心中有信仰，脚下有力量。古语云："志之所趋，无远弗届，穷山距海，不能限也。"中国共产党人对理想信念的忠诚铸就了苦难辉煌，也是中国共产党历经百年坚如磐石、不可战胜的重要法宝。红军长征就是一次理想信念的伟大远征，凭着对"革命理想高于天"的执着追求，人民军队一次次冲破国民党的围追堵截。张闻天在回忆长征时说："在长征中，我们曾经遇到了无数困难，许多困难几乎是不能克服的。然而我们只有一个思想，就是无论如何都要克服这些困难，要为自己的理想奋斗到底。"[1] 习近平总书记强调："坚定理想信念，坚守共产党人精神追求，始终是共产党人安身立命的根本。"[2] 政治上的旗帜鲜明和立场上的坚定明确是政德的基石，也是党员干部的立身之本。当前，少数领导干部出现"伪忠诚""不忠诚""软骨病"等问题，归根到底是因为理想滑坡、信念动摇。党员干部一旦理想信念淡薄，便会失去政治信念、动摇政治立场，失去灵魂与支柱。事实证明，领导干部要不断增强对党的价值追求和前进方向的政治认同，把好理想信念的"总开关"，坚定政治定力，补足精神上的"钙"，不断提升政德修养和思想境界。

对党忠诚，必须始终与党中央保持高度一致。中国共产党百年的奋斗历史表明，统一党内思想、凝聚共识，始终与党中央保持一致是党推动中国革命、建设和改革事业不断取得胜利的重要保障。正如邓颖超所言："我们过去的多少次的胜利，都是靠我们的步调一致。什么叫步调一致呢？就是团结在中央的周围，坚持中央的路线、政

---

① 《张闻天选集》，人民出版社 1985 年版，第 167 页。

② 《十八大以来重要文献选编》上，中央文献出版社 2014 年版，第 80 页。

策。"① 黄克诚曾强调,在抗日战争时期"毛主席就是用个电台,嘀嗒、嘀嗒地指挥我们","大家都自觉地执行延安的'嘀嗒、嘀嗒'"。② 这是全党统一思想,忠诚于党,并始终与党中央保持一致的生动例证。新时代,习近平总书记反复强调党员干部要"坚定不移向党中央看齐,向党的理论和路线方针政策看齐,向党中央决策部署看齐"③,要做到"三个坚决"和"三个不允许",即"党中央提倡的坚决响应,党中央决定的坚决照办,党中央禁止的坚决杜绝,决不允许上有政策、下有对策,决不允许有令不行、有禁不止,决不允许在贯彻执行中央决策部署上打折扣"④。党员干部要把牢政治方向,不断增强政治意识、大局意识、核心意识、看齐意识,"时刻想到自己是党的人,时刻不忘自己对党应尽的义务和责任"⑤,在思想上、政治上、行动上与以习近平同志为核心的党中央保持高度一致。

对党忠诚,必须忠于党的伟大事业。历史长河波澜壮阔,正是一代又一代的中国共产党人忠于党的伟大事业,脚踏实地、披荆斩棘、埋头苦干、笃定前行才创造了今天的中国。新民主主义革命时期,中国共产党人以实现民族独立和国家解放、人民幸福和国家富强为目标,新民主主义革命的伟大成就,为实现中华民族伟大复兴创造了根本社会条件;社会主义革命和建设时期,中国共产党人将马克思主义与中

---

① 《邓颖超、黄克诚关于党风问题的讲话》,人民出版社1981年版,第7页。

② 《邓颖超、黄克诚关于党风问题的讲话》,人民出版社1981年版,第25—26页。

③ 《关于加强和改进中央和国家机关党的建设的意见》,人民出版社2019年版,第3页。

④ 《十八大以来重要文献选编》中,中央文献出版社2016年版,第322页。

⑤ 《做焦裕禄式的县委书记 心中有党心中有民心中有责心中有戒》,《人民日报》2015年1月13日。

国实际进行第二次结合，在探索如何建设社会主义的过程中取得伟大成就，为实现中华民族伟大复兴奠定了根本政治前提和制度基础；在改革开放和社会主义现代化建设新时期，党将工作重心从以阶级斗争为纲转移到以经济建设为中心上来，以社会主义现代化建设为重点，带领人民从短缺走向富裕、从贫困走向小康，为中华民族伟大复兴提供了充满新的活力的体制保证和快速发展的物质条件；在中国特色社会主义新时代，以习近平同志为核心的党中央带领中国人民实现脱贫攻坚、全面建成小康社会的伟大历史任务，实现了第一个百年奋斗目标，历史性地解决了绝对贫困问题，为实现中华民族伟大复兴提供了更为完善的制度保证、更为坚实的物质基础、更为主动的精神力量。中华民族伟大复兴，绝不是轻轻松松、敲锣打鼓就能实现的。路虽远，行则将至；事虽难，做则必成。新时代党员干部要忠于党的伟大事业，时刻守住自己的初心使命，致广大而尽精微，为党和人民的伟大事业披荆斩棘，勇往直前。

链　接

对党忠诚的深刻内涵和检验标准

忠诚是一种政治美德。马克思说过："不可收买是最高的政治美德。"① 对党忠诚，是每一位党员在入党宣誓时的庄严承诺，也是我们党的光荣传统和优良作风。从党的发展历程看，党内所有的政治问题，归根到底就是对党是否忠诚。所以，我们党历来高度重视弘扬忠诚老实的价值观。毛泽东认为，对党员干部来说，没有忠诚老实、聪明及其他品质都难以称为优点。在对党忠诚这个问题上，党员干部必须做

---

① 《马克思恩格斯全集》第 3 卷，人民出版社 2002 年版，第 129 页。

到"绝对忠诚",这是忠诚的最高境界。

在革命战争年代,瞿秋白、赵一曼、刘胡兰等很多优秀共产党员赴汤蹈火、视死如归,用自己的生命诠释了对党的绝对忠诚。邓小平在苏联求学期间就立志"更坚决地把我的身子交给我们的党,交给本阶级"①。他曾说过:"我的生命是属于党、属于国家的"。② 简短质朴的语言,集中表达了他对党和国家的绝对忠诚。什么是"对党绝对忠诚"?习近平总书记明确指出,对党绝对忠诚要害在"绝对"两个字,就是唯一的、彻底的、无条件的、不掺任何杂质的、没有任何水分的忠诚。③ 这一重要论述阐明了对党绝对忠诚的深刻内涵,每一位党员干部都要用这样的标准严格要求自己,党叫干什么就坚决干,党不允许干什么就坚决不干,听党话,跟党走。

习近平总书记强调:"对党忠诚,必须一心一意、一以贯之,必须表里如一、知行合一,任何时候任何情况下都不改其心、不移其志、不毁其节。"④ 那么,如何去检验一名党员干部是不是对党忠诚呢?在革命战争年代就要看能不能为党和人民事业冲锋陷阵、舍生忘死,在和平时期也有明确的检验标准,比如,能不能坚持党的领导,坚决维护党中央权威和集中统一领导,自觉在思想上政治上行动上同党中央保持高度一致;能不能坚决贯彻执行党的理论和路线方针政策,不折不扣把党中央决策部署落到实处;能不能严守党的政治纪律和政治规矩,做政治上的明白人、老实人;能不能坚持党和人民事业高于一切,

---

① 刘道慧:《邓小平的旅法留苏岁月》,人民出版社 2004 年版,第 266 页。

② 《十三大以来重要文献选编》中,人民出版社 1991 年版,第 602 页。

③ 《习近平关于严明党的纪律和规矩论述摘编》,中国方正出版社、中央文献出版社 2006 年版,第 24 页。

④ 《习近平关于全面从严治党论述摘编(2021 年版)》,中央文献出版社 2021 年版,第 155—156 页。

自觉执行组织决定，服从组织安排，等等，都是对党忠诚的直接检验。

（资料来源：尚传斌：《修政德：党员干部从政必修课》，新华出版社 2022 年版，第 141—142 页）

（二）厚植造福人民的"公德"

为政之德，贵在一心为公，守持公德、办好公事。纵观中国共产党百年来的历史图谱，党始终恪守立党为公、执政为民的理念，秉持人民至上这一根本政治立场。党员干部是党的执政骨干，是人民的公仆，应当对党负责、全心为民，做到把工作当事业干，把群众当亲人看，厚植造福人民的"公德"，回答好"依靠谁、为了谁、我是谁"这一根本性问题。

树"亲民之风"，回答"依靠谁"之问。民心是最大的政治。"思国之安者，必积其德义。"厚积道德仁义，以"亲民之风"汇聚民心，是维护国家安定不可或缺的力量。列宁指出："只有当群众知道一切，能判断一切，并自觉地从事一切的时候，国家才有力量。"① 中国共产党是人民的党，为人民而生，因人民而兴，人民既是"打江山"取得革命胜利的"铜墙铁壁"，也是"守江山"稳固社会的"钢铁长城"。把屁股坐在老百姓的这一面的"亲民之风"，是延安时期党员干部坚持为谁做官、如何做官的真实写照。习近平总书记深情地说："当年毛泽东同志等老一辈革命家在延安，住窑洞、吃粗粮、穿布衣，用'延安作风'打败了'西安作风'。"② "延安作风"生动诠释了党的根

---

① 《列宁选集》第 3 卷，人民出版社 2012 年版，第 347 页。

② 《弘扬伟大建党精神和延安精神　为实现党的二十大提出的目标任务而团结奋斗》，《人民日报》2022 年 10 月 28 日。

基在人民、血脉在人民、力量在人民。树高千尺不忘根，吃水不忘挖井人。毛泽东强调："依靠民众则一切困难能够克服，任何强敌能够战胜，离开民众则将一事无成。"① 习近平总书记指出："忘记了人民，脱离了人民，我们就会成为无源之水、无本之木，就会一事无成。"② 新时代，党员干部要真正沉下身子到群众中去，树"亲民之风"，虚心听取群众的意见建议，察民情、听民意、解民困，实实在在回答好"依靠谁"之问。

以"爱民之心"，回答"我是谁"之问。为政之道，在于爱民；爱民之道，在于察其疾苦。中国共产党人在百年奋斗历程中，始终与人民心心相印、同甘共苦、团结奋斗，形成了与人民血肉相连的密切联系。早在井冈山时期，毛泽东就明确指出："解决群众的穿衣问题，吃饭问题，住房问题，柴米油盐问题，疾病卫生问题，婚姻问题。总之，一切群众的实际生活问题，都是我们应当注意的问题。"③ 走群众路线，想群众所想，急群众所急，解群众所难，是中国共产党赢得人民群众衷心拥护和坚定支持的重要法宝，也是以"爱民之心"回答"我是谁"之问的生动诠释。党的十八大以来，习近平总书记进一步告诫全党："永远铭记人民是共产党人的衣食父母，共产党人是人民的勤务员。"④ 民之所向，政之所行。新时代党员干部要始终将人民群众作为"根"和"本"，时刻将自身作为人民群众中的一员，要自觉做到思想上尊重群众、感情上关爱群众，坚决扫除与人民群众离心离

---

① 《毛泽东军事文集》第 2 卷，军事科学出版社、中央文献出版社 1993 年版，第 381 页。

② 《十八大以来重要文献选编》下，中央文献出版社 2018 年版，第 400 页。

③ 《毛泽东选集》第 1 卷，人民出版社 1991 年版，第 136—137 页。

④ 习近平：《在"不忘初心，牢记使命"主题教育工作会议上的讲话》，《求是》2019 年第 13 期。

德的不正之风；在工作上依靠群众，丢掉官架子的"傲气"，始终将人民群众当作"主人"，关心群众疾苦、倾听群众呼声、汲取群众智慧，始终与人民手牵手、心连心。

做"利民之事"，回答"为了谁"之问。治国有常，利民为本。党的百年奋斗历史，就是一部党与人民心连心、同呼吸、共命运的历史。习近平总书记指出，"人民对美好生活的向往，就是我们的奋斗目标"①，"始终要把人民放在心中最高的位置，始终全心全意为人民服务，始终为人民利益和幸福而努力工作"②。为人民谋幸福是中国共产党的初心使命，为人民群众办实事是党员干部的天职。群众利益无小事，党员干部要勤政敬业，为人民群众办好事、办实事；要坚持问题导向，将权力落在实处，做到用心谋事、潜心干事、恒心成事；要学会"俯身抬头"，远离形式主义与官僚主义，牢记"调查研究是谋事之基、成事之道"的理念，实事求是为民造福；要主动联系群众、自觉尊重群众、热情关心群众、紧紧依靠群众，努力为人民群众办事情、谋利益，要常往基层走走，常到群众家访访，常到生产一线看看，在了解实情、找准问题、排忧解难上下功夫，真正做到情为民所系、利为民所谋。总之，要紧紧抓住人民最关心、最直接、最现实的利益问题，回答"为了谁"之问。

链　接
▼
人民是父母（节选）

1946 年 6 月底，蒋介石在美帝国主义的支持下，撕毁了《停战协

---

① 《习近平谈治国理政》，外文出版社 2014 年版，第 4 页。
② 《习近平谈治国理政》第 3 卷，外文出版社 2020 年版，第 139 页。

定》，发动了全国规模的反革命战争，妄图在三至六个月内，侵吞解放区，消灭解放军。我华中野战军的部分主力为执行解放战争初期的作战任务，之后，与山东野战军在苏北会师，组成了华东野战军。1947年1月，北撤山东。华东野战军北撤山东，是为了进一步集中优势兵力，在解放区内大踏步前进、大踏步后退地机动作战，以更多地歼灭敌人有生力量。

这时，不少同志对这一发展的重大意义，一时还不能完全理解。而且，原华中野战军的指战员多数是苏中子弟兵，要他们在刚刚打了胜仗之后，就撤离自己用生命和鲜血保卫过的土地，使养育自己的人民群众遭受国民党军队带来的可以想见的灾难，思想上的弯子一时也不容易完全转过来。

山东的党、各级政府和人民群众，特别是原华中部队进入山东后驻扎的临沂地区的人民群众，在天寒地冻的严冬季节，给部队以热烈的欢迎和无微不至的亲切关怀、照顾，那种深情厚谊、鱼水之情，使全体指战员感到无比的温暖。临沂地区的人民，宁肯自己吃糠、吃地瓜叶，甚至以树叶、野菜充饥，也要把用小麦、玉米、小米、高粱做的煎饼送给部队；宿营时，有的群众把刚结婚的新房也腾给我们住，妇救会、"识字班"的妇女到各班去问寒问暖，抢着缝洗衣服、鞋袜；许多老大娘把自己赖以换取油盐的鸡蛋拿出来，甚至杀了老母鸡，送给部队的伤病员。山东人民在战争中组成浩浩荡荡的支前大军，车轮滚滚，担架如林，前送粮弹，后运伤员，放哨带路，看押俘虏……他们是那样的坚强勇敢，不怕困难，奋不顾身，竭尽全力地支援人民子弟兵。但是，对蒋介石他们又有着刻骨的阶级仇恨，要求部队多打胜仗，多消灭敌人，保卫解放区，扩大解放区，解放还在苦难火海中的人民。

他们这种坚定鲜明的阶级立场，崇高炽烈的革命感情，使原华中野战军的同志受到了生动而实际的教育。对部队的思想转弯，起到了有力的促进作用。人民对子弟兵的热爱、关怀，始终是鼓舞部队前进的巨大力量。

（资料来源：粟裕：《粟裕回忆录》，人民出版社 2022 年版，第496—498 页）

（三）锻造严于律己的"私德"

私德不立，公德难守，大德难彰。严"私德"，就是要严于管束自身思想行为，时刻警示自身，做到警钟长鸣，保持高尚的气节与品格，做到廉洁自律。

警钟长鸣，洁身自好。官无私德则不能为政，私德最重要的是廉洁。贪如火，无制则燎原；欲如水，不遏必滔天。"欲"与"贪"通常相互联系，"欲"的不断膨胀则会导致"贪"。正如古人云："欲虽不可尽，可以近尽也。欲虽不可去，求可节也。"人的欲望虽客观存在，但能够节制。只有警钟长鸣，才能警笛不响。作为党员干部，要有效管控自身欲望，不能使欲望膨胀而走向万丈深渊。首先，洁身自好要恪守从政底线。面对权力、金钱、名利、美色等贪欲时要保持理性，知足知止，不能因贪图一时之快而致使万劫不复。其次，束身自好要谨记勿以恶小而为之。腐化堕落往往从一顿饭、一杯酒、一份礼开始。党员干部要始终洁身自好，自觉净化社交圈，面对权力、利益、诱惑，不谋私、不动心，不为腐蚀变质留下突破口。最后，修身自好要不断加强理论修养，提高政治素养。名节源于觉悟，腐败止于正气，政治上的坚定源于理论上的清醒。要通过学习经典著作，形成正确观察、思考、处理问题的世界观和方法论，时刻保持清醒的头脑，始终保持思想充实、精神富足，形成良好的道德信念和道德风尚，永葆共产党人的政治本色。

敢于担当，恪守原则。权力就是责任，为官就要担当。是否具有担当精神，是否能够忠诚履职、尽心尽责、勇于担责，是检验每一名领导干部是否真正体现共产党人先进性和纯洁性的重要标尺。责任无处不在，作为领导干部无论什么岗位、什么职务，首先要履行好自身的职责，落实好本职工作和任务。面对难题，要拿出"明知山有虎，偏向虎山行"的劲头，挺身而出，为党分忧、为民解难。恪守原则，就要敢于与歪风邪气作斗争。邓小平指出："不讲党性，不讲原则，说话做事看来头、看风向，满以为这样不会犯错误。其实随风倒本身就是一个违反共产党员党性的大错误。"① 党员干部要坚持正确的政治方向，面对大是大非要敢于亮剑，面对矛盾要敢于迎难而上，面对危机要敢于挺身而出，面对失误要敢于承担责任，面对歪风邪气要敢于坚决斗争。要始终牢记党的宗旨，忠于职守，敬业奉献，切实做到敢担当、能担当、会担当，用铁的肩膀扛起应当肩负的担子。

为人正派，廉洁自律。习近平总书记指出："为政清廉才能取信于民，秉公用权才能赢得人心。"② 廉洁自律是为官之本，是衡量领导干部是否合格的基本标准，也是党员干部应有的政治品格。廉洁自律，就要抱有正派之心，做到为政清廉、不怀私心，不搞阳奉阴违，欺上瞒下；不搞勾心斗角，玩弄权术；不搞独断专行，唯我独尊；不搞拉帮结派，划小圈子，以政治自觉锤炼理想人格，坚定做正人君子的信念。廉洁自律，就要坚持自我监督。"吾日三省吾身"，作为领导干部，要严以修身，自我反省、自我反思、自我警示、自我激励，实事求是、一分为二地估量自己，从而不断丰富和完善自身。廉洁自律，就要做到知行合一。表里如一、言行一致是领导干部党性修养的外在

---

① 《邓小平文选》第 2 卷，人民出版社 1994 年版，第 142 页。

② 《深入学习习近平总书记重要讲话读本》，人民出版社 2013 年版，第 66 页。

体现，也是检验领导干部真正品质的试金石。知中有行，行中有知，才能真正把握思想和行动上的"总开关"。廉洁自律是在实干中锤炼出来的，领导干部要身体力行、严于律己、以身作则，真正做到以德修身、以德立威、以德服众。

链　接

▼

古廉今鉴："清廉若水"的赵轨（节选）

赵轨，北朝名臣，河南洛阳人，父亲赵肃为北魏廷尉卿。赵轨在任齐州（今济南市）别驾期间，东面邻居家有桑树。有一年，桑葚熟了，又大又红的桑葚落在他家的院子里，满地都是。他叫家人把桑葚捡起来，送还给邻居，并告诫儿子说："我并不是要以此来求取名誉，只是觉得这不是自己的，享用了心里也会不安。"

在齐州四年，每年考核，赵轨的政绩都是最好的，得到皇帝的嘉奖，并入朝任职。离开齐州时，父老乡亲都来送他。一位长者代表百姓捧着一杯清水，颤巍巍地敬奉给赵轨说："别驾在此任官，从不受贿纳物，有如水火不相交。如今您要走了，我们不敢以壶酒相送，您清廉若水，特献上一杯清水为您饯行。"赵轨接过水，一饮而尽，与齐州百姓挥手而别，百姓们则挥泪相送。

赵轨不仅自己修身自洁，而且驭下甚严，要求对百姓秋毫无犯。后来，他任原州总管司马时，有一次结队夜行，当时月隐星稀，部下不小心，马踏入田中，踩坏了禾苗，他即令停止前进，原地伫立，直待天亮。天亮后查到了田主，赔偿损失后才率队启程。原州官吏听说此事后，十分震动，纷纷向赵轨学习，注意自己的操行。

数年后，赵轨改任刺史。当地杂居许多少数民族，他非常体恤他们，给他们许多恩惠。不久后又调任寿州（今安徽寿县）总管长史。

该州有芍陂，相传是春秋楚相孙叔敖所造，旧有五门堰，由于年久失修，已经不起作用。赵轨到任后，积极组织吏民重新修治，并再开三十六门，可灌溉农田五千余公顷，不仅使当时百姓受益，而且恩泽子孙后代。

（资料来源：林岩编著：《中国古代廉政文化集粹》，中国方正出版社 2014 年版，第 110 页）

二、培养群众的廉洁意识

人民群众是廉洁文化建设的依靠力量，是最直接的参与者、最权威的评判者。正所谓"民心似秤，能知轻重"。厚植廉洁文化建设的根脉，要潜移默化地增强群众的廉洁意识，强化群众的支持和参与，才能获得生活化的不竭动力。廉洁文化建设要最大限度地凝聚共识，让人民群众深切感受到推进廉洁文化建设同自身利益密切相关、同实现中华民族伟大复兴的中国梦紧密相连。为此，要从理论上塑造意识，从制度上规范意识，从行动上落实意识，从心理上内化意识，增强人民群众对自身主体地位的认知与认同，让廉洁文化引领群众的日常生活，进而为建设社会主义现代化国家凝心聚力。

（一）引导群众自觉接受廉洁理论

没有理论上的清醒，就没有政治上的坚定，更没有行动上的自觉。《关于加强新时代廉洁文化建设的意见》明确指出，要发挥廉洁教育基础作用，强化形势教育、纪法意识、警示震慑、示范引领。[①] 廉洁

_____

① 参见《中办印发〈关于加强新时代廉洁文化建设的意见〉》，《人民日报》2022 年 2 月 25 日。

意识的形成需要有科学理论的指导，引导群众在日常生活中自觉接受廉洁理论。

将廉洁教育贯穿国民教育全过程。中共中央纪律检查委员会在向党的第十八次全国代表大会的工作报告中提出，要"将廉洁教育纳入国民教育体系，使廉洁价值理念深入人心"①。廉洁教育作为一项系统工程，需要社会各领域的相互协作，形成多方教育合力。政府机关、学校等社会各方应当充分发挥各自功能，共同努力打造廉洁理论传播的良好氛围与立体效应。政府机关是强化廉洁教育的"掌舵人"。廉洁理论教育是推进中国特色社会主义事业的一项基础性、战略性工程，要将其贯穿国民教育全过程。在实施廉洁理论教育的过程中，政府机关应当以根本价值导向为指引，制定相关政策法规，确保廉洁教育在全国各层级教育中得到普及和推广，并积极开展廉洁培训、举办廉洁知识讲座等，以多样化形式增强群众的廉洁意识。

学校是推进廉洁思想系统化教育与传播的"引航者"，也是廉洁理论教育的重要阵地。学校应将廉洁教育纳入课程设置，让廉洁文化编入教材、走进课堂、融入生活，并将其贯穿学生的整个学习过程，引导学生认识自我、认识社会，并结合课外活动和校园文化建设等多种形式，向学生传授廉洁知识和价值观，以良好的文化氛围推进廉洁理论教育，增强学生的廉洁自律意识。此外，还应加强廉洁教育的制度机制建设，通过制发相关文件、建立督查机制、成立研究队伍、健全课程体系等，为廉洁教育提供坚实的制度支撑，为崇廉尚洁理念深入人心提供制度保障。

以正确舆论营造良好廉洁氛围。随着时代的发展，大众传媒已渗

---

① 《中共中央纪律检查委员会向党的第十八次全国代表大会的工作报告》，《求是》2012 年第 22 期。

透到人们生活的各个角落，网络成为社会化的重要载体。海量信息的高速传播极大拓宽了人们的生活空间和精神空间，并随时随地影响人们的思想判断和价值观念。大众传媒凭借其感染力强、时效性强、针对性强、反馈问题快等特点，成为人们接受信息的重要渠道。习近平总书记在党的十九大报告中指出："坚持正确舆论导向，高度重视传播手段建设和创新。"① 因此，要充分利用大众传媒构建全方位、多层次、立体化的廉洁理论传播体系，把握正确的舆论方向，推动廉洁理论"活起来"，并通过电视、广播、报纸、杂志等传统媒体以及互联网、移动终端等新兴媒体，形成多元化的传播矩阵，实现廉洁理论的全天候、全过程、全方位覆盖传播。

同时，以正确舆论为指引，将廉洁理论与群众的日常生活紧密结合，关注群众关心的廉洁问题，使廉洁理论具有"烟火气""人情味"，并通过案例解析、故事讲述、互动访谈等形式，使廉洁理论更加贴近群众、贴近实际、贴近生活，将廉洁理论具体化、形象化，提高群众对廉洁理论的理解度和接受度。此外，还要注重传播方式的互动性和参与性，激发群众的主体意识和参与热情，注重传播效果的评价和反馈，及时调整和优化传播策略，优化传播内容、方式和手段，提高廉洁理论传播的针对性和有效性，营造良好的廉洁氛围，引导群众在日常生活中自觉接受廉洁理论。

以廉洁文化产品传递廉洁理念。廉洁文化产品是发挥立德树人、铸魂育人作用的重要载体。可视、可触、可听、可感的廉洁文化产品以潜移默化的方式将廉洁理论渗透到人民群众的头脑中，运用浸化、感化的方式激发其廉洁意识。如，反腐类型小说《组织部长》《追问》《我主沉浮》《惊天幕后》，反腐题材电影《人民的利益》《坚如磐石》

① 《习近平著作选读》第 2 卷，人民出版社 2023 年版，第 34 页。

《烈日灼心》《白日焰火》，正风反腐电视专题片《永远在路上》《国家监察》《正风反腐就在身边》《零容忍》，等等，这些作品运用平实的叙述、翔实的细节，通过生动的故事情节和鲜活的人物形象，以身边案例警示身边人，使读者与观众接受思想洗礼和灵魂拷问，产生廉洁意识与民心同频共振的效果。在新时代语境下，创作新的廉洁文化产品，能够更好地满足人民群众对廉洁文化的需求，营造"廉荣贪耻"的廉洁氛围，使廉洁理论更加深入人心。因此，要加大对廉洁文化产品创作的支持力度，鼓励作家、艺术家和影视制作者创作更多以廉洁为主题的优秀作品，传递崇廉尚洁的价值理念，涵养清风正气，筑牢党员干部和群众拒腐防变思想的道德防线。与此同时，还要加强廉洁文化产品供给的多元化，如通过打造廉洁人文景观、主题展览等，生动展示廉洁文化的内涵和廉洁人物的故事，并鼓励观众参与讨论、分享感受，通过这些富有创意和互动性的活动，深化群众对廉洁理论的认知，引导群众自觉接受廉洁理论。

链　接

崇廉拒腐，用廉政知识保驾护航（节选）

我国历史悠久，各个朝代也都非常重视廉洁文化。《周礼》中对"廉"有六种标准："廉善、廉能、廉敬、廉正、廉法、廉辨"，意为善良、能干、敬业、公正、守法、明智；《吕氏春秋·忠廉》中曰："临大义而不易其义，可谓廉矣"；《围炉夜话》中也有"见小利，不能立大功；存私心，不能谋公事"的论述。现如今，很多机关单位也都挂着廉洁标语，比如"明廉志，修廉德，重廉行""人人思廉，全员助廉"等。

除了党政机关和企事业单位，一个人在家庭中应该时刻把廉洁知识和文化摆在心头，加强家庭成员的廉洁意识，弘扬先进文化，把家庭打造成崇廉拒腐的重要堡垒。

很多贪官"落马"之后在反省时，都意识到自己以前根本"不懂法"，虽然身为领导干部，可并没有留心学习廉政知识，导致不顾党纪国法，直到被贪腐的火焰烧伤才如梦初醒。因而，不管是领导干部还是家属，都要懂得廉政知识，明白廉政的重要性，不然很难在利益面前管住自己的手。

廉洁知识可以有效预防贪腐的发生，对于树立廉政思想观念也有着积极的助推作用。所以，苦学多学廉洁知识，在家庭中充当廉政文化宣传员，形成"廉洁为荣、贪腐为耻"的廉洁氛围，会极大地提升道德情操和积极的道德情绪。

中央组织部干部监督局在一篇领导干部违法犯罪反省材料的分析报告中指出，认为自己的违纪与"不懂法"直接相关的贪官比例高达 81.4%。这样的领导干部在违法乱纪之前对廉政知识一窍不通，甚至于他们眼中从来都没有任何廉政规定，在单位组织学习的时候，他们也大多走走过场，丝毫没有放在心上。因为不学、不顾、不懂，他们为所欲为，铤而走险，直到"伸手"的时候碰到了滚烫的"腐败火炉"，毁了前程和自己的一生时，才如梦初醒，追悔莫及。

（资料来源：向专、白雪编著：《新时代家庭助廉：弘扬清廉家风 筑牢廉洁防线》，人民日报出版社 2022 年版，第 13—16 页）

（二）引导群众自觉遵守廉洁制度

国以民为本，民以廉为根。廉洁制度是维护社会秩序、促进社会公平正义的关键，也是培养群众廉洁意识的基石。没有群众对廉洁制度的接受与认同，廉洁制度也难以取得令人满意的效果。因此，要使廉洁制度真正发挥作用，离不开广大群众的自觉遵守。强化群众对廉洁制度的意识、提升群众对廉洁制度的认同、树牢群众对廉洁制度的自信，引导群众在日常生活中自觉遵守廉洁制度，是实现廉洁文化建设的关键环节。

强化群众的廉洁制度意识。廉洁制度的生命力在于执行，而强化群众的廉洁制度意识是提升其执行力的前提。中共中央要求"各级党委和政府以及各级领导干部要切实强化制度意识，带头维护制度权威，做制度执行的表率，带动全党全社会自觉尊崇制度、严格执行制度、坚决维护制度"[①]。因此，在廉洁文化生活化中，要以各项政策法规为准则，提高人们对制度的认同感和尊重感。

强化群众的廉洁制度意识，使群众在日常生活中对廉洁制度形成广泛认可，要在制定、贯彻和执行廉洁制度时遵循科学规律和原则，对制度执行情况进行监测，共同维护制度效力。一是要坚持马克思主义的科学精神和科学态度，坚持廉洁制度的制定、贯彻和执行要从我国的实际出发，切实考虑腐败问题的严重性与危害性，建立拒腐防变的长效机制。二是廉洁制度的制定要以人民群众的利益为根本，要充分考虑人民的正当权益，坚持以情感人、以理服人、以德化人，增强群众的制度意识，最终达到以制度管人的目的。三是要更新思想理念，为增强群众制度意识提供思想动力。先进的思想理念能够为廉洁文化生活化筑起坚强的制度保障，因此，要摒弃传统"官本位"思想，坚持"尊重人""理解人""关心人"的理念，实现由官到仆、由特到平、由德到法、由势到能的思想转变，强化日常生活中群众的制度意识。

提升群众对廉洁制度的认同。廉洁制度的认同是指，人民群众在

---

① 《十九大以来重要文献选编》中，中央文献出版社 2021 年版，第 296 页。

心理上的归属和行为上对廉洁制度的内容、价值追求的高度服从或遵守。强化公民意识教育有助于提升群众在日常生活中政治参与的积极性，提升群众对廉洁制度规范的认同感，对于引导群众自觉遵守廉洁制度具有重要作用。一是要加强主体意识教育。主体意识是提升群众对廉洁制度认同的基础。主体意识教育旨在提高群众对自身权利的认识，同时强调群众应当承担的社会责任。这种教育不仅关注群众的个人权利，还强调群众在维护社会秩序、促进社会公平正义中的作用，进而使群众明白自己在日常生活中不仅是廉洁制度的受益者，也是廉洁制度的参与者。当群众意识到自己是廉洁制度的主体，会更加积极主动地参与到制度建设中，从而在个体层面提高对廉洁制度的认同。二是要加强规则意识教育。规则是廉洁社会秩序的基础，是维护廉洁社会公平正义的基石。无论技术怎样进步、社会如何发展，规则都是"基础设施"。要培养日常生活中群众的规则意识，一方面，要明确廉洁规则的内容和边界，让群众了解自己在日常生活中的行为规范。另一方面，要加强对违规行为的惩处，让群众认识到不遵守规则就要付出"代价"。通过培育规则意识，从而实现群众在规则层面对廉洁制度的认同。三是要加强公德意识教育。公德意识是提升廉洁制度认同的重要条件，"人而无德，行之不远"。在中华文化语境中，作为一个道德范畴，"德"涵盖了诚信、仁爱、正义等一切美好品行。公德意识是指群众在社会生活中，自觉遵守廉洁社会道德规范，尊重他人，维护廉洁社会公共利益。通过公德意识教育，引导群众"在社会上做一个好公民""在工作中做一个好建设者""在家庭里做一个好成员""在日常生活中养成好品行"，促进社会全面进步、人的全面发展，从而增强对廉洁制度在道德层面的自觉认同。

树牢群众对廉洁制度的自信。所谓廉洁制度的自信，指的是人民群众对于中国共产党自身廉洁制度设计及其优越性的充分肯定。中国共产党的百年党风廉政建设和反腐败斗争是一部激浊扬清的自我革命史。中国共产党自成立以来，就坚决反对腐败，倡导廉洁，逐步开展反对贪污腐化的斗争，树立清正廉洁的政党形象。毛泽东在延安杨家岭住处的窑洞里，与黄炎培的谈话中就指出："我们已经找到新路，我们能跳出这周期率。这条新路，就是民主。只有让人民来监督政府，政府才不敢松懈。只有人人起来负责，才不会人亡政息。"① 中华人民共和国成立初期，党和新政权注意克服旧社会贪污腐败等作风对新政权及其工作人员的腐蚀。1989 年 9 月，邓小平同志在会见美籍华裔学者李政道教授时提出："我们要反对腐败，搞廉洁政治。不是搞一天两天、一月两月，整个改革开放过程中都要反对腐败。我们前进的步伐会更稳健，更扎实，更快。"② 党的十八大以来，以习近平同志为核心的党中央进一步扎紧扎牢廉洁制度的篱笆，把巡视作为党内监督的"战略性制度安排"，深入开展反腐败斗争，坚持"老虎""苍蝇"一起打，实现一届任期内巡视全覆盖，形成了真正勤政、廉洁、高效的廉洁制度，交出了一份世界瞩目的廉洁政治"中国答卷"。面对来之不易的巨大成就，如果群众对此没有深刻认知，就会对廉洁制度缺乏深刻理解与认同。因此，要通过案例讲述，将制度的发展通过鲜活生动的事例表达出来，用故事打动人、说服人，真正让群众感受制度的威力，树牢群众制度自信。

---

① 《毛泽东年谱（1893~1949）》（修订本）中卷，中央文献出版社 2013 年版，第 611 页。

② 《邓小平文选》第 3 卷，人民出版社 1993 年版，第 327 页。

链 接
▼

传统中国社会的廉洁文化建设

在中国古代社会的发展过程中，基于"人性本善"的价值预判，传统中国社会形成了一套完善的"礼制"，这套"礼制"在维系传统社会秩序方面起着极为重要的作用。《礼记·曲礼》指出："道德仁义，非礼不成；教训正俗，非礼不备；分争辩讼，非礼不决；君臣、上下、父子、兄弟，非礼不定；宦学事师，非礼不亲；班朝治军，莅官行法，非礼威严不行；祷祠祭祀，供给鬼神，非礼不诚不庄。是以君子恭敬撙节退让以明礼。鹦鹉能言，不离飞鸟；猩猩能言，不离禽兽。今人而无礼，虽能言，不亦禽兽之心乎？夫唯禽兽无礼，故父子聚麀。是故圣人作，为礼以教人，使人以有礼，知自别于禽兽。"有无礼成为区分人与兽的标准。从伦理道德的树立，到民风民俗的淳朴；从分辨对错的讼事，到各自身份地位的确立；从朝廷的政治事务，到军队训练作战，以及祭祀仪式等等，无不由于有礼才得以完成。社会生活、政治生活、道德生活，以及家庭生活的稳定与有序，无不维系于礼。

还是基于"人性本善"的价值预判，中国历代封建王朝重视道德教化，通过封建道德教育，强化廉洁意识，把廉洁价值规范制度化，并且通过学校、家庭和政治等多种途径传播道德，将廉洁规范内化为个人的人生信条，能够自我约束，自我克制。

（资料来源：沈其新主编：《中华廉洁文化与中国共产党先进性建设》，湖南大学出版社 2008 年版，第 99 页）

（三）引导群众自觉形成廉洁心理

廉洁心理是廉洁意识的深化和内化。引导群众自觉形成廉洁心理，应当促使群众在内心深处树立起廉洁意志、思维以及情感。

树立理想信念，筑牢廉洁意志。意志力是一种坚定的理想信念、抵御不良诱惑的强大心理资源。意志力强大的个体往往有着更强的自控能力，能够更好地坚守廉洁底线，从而抵挡住腐败带来的各种诱惑。随着时代发展，各种社会思潮错综复杂，多元价值观念相互交锋，个人主义、利己主义、享乐主义的诱惑时刻冲击着人们的意志力，部分无法抵御诱惑的人甚至走上违法违纪的道路，动摇了共产主义和社会主义的理想信念，陷入了不能自拔的境地，成为私欲和金钱的奴隶。面对各种重大风险挑战，必须把树立坚定的理想信念和培育坚强的革命意志放在重要位置之上。习近平总书记强调："坚定理想信念，必先知之而后信之，信之而后行之。"① 马克思主义信仰、共产主义远大理想、中国特色社会主义共同理想，是中国共产党人的精神支柱和政治灵魂，也是保持党的团结统一的思想基础。应当引导人民群众始终以马克思主义的信仰信念、社会主义和共产主义的理想信念为指引，确保党的意识形态始终处于主导地位。应当引导人们将共产主义远大理想与中国特色社会主义共同理想统一起来，把实现个人理想融入实现国家富强、民族振兴、人民幸福的伟大梦想之中，不断筑牢信仰之基、补足精神之钙、把稳思想之舵，以坚定的理想信念砥砺对党的赤诚忠心，永远信党、爱党、为党，勇于担苦、担难、担重、担险，在多元化的现实生活中坚定"崇廉尚洁"的价值选择，从而以强大的意

---

① 《努力成长为对党和人民忠诚可靠、堪当时代重任的栋梁之才》，《求是》2023 年第 13 期。

志力抵御各种腐败文化和不良风气。

深化廉洁价值观，塑造廉洁思维。廉洁思维的塑造能够使个体将廉洁文化转变为理性的认知，从而产生正确的思想观念，内化为系统有序的知识图谱，最终指导人们的日常行为。廉洁思维的塑造离不开正确价值的引导，因此，要不断深化群众对反腐倡廉的认知，形成清正廉洁的价值观。廉洁价值观犹如个体认知的"定盘星""总开关"，影响着人们思想行为的目标取向，进而从源头上消除邪恶贪腐之念。社会主义核心价值观是马克思主义道德原则的集中体现，是廉洁价值观形成的重要基础。《新时代公民道德建设实施纲要》指出，"要持续深化社会主义核心价值观宣传教育，增进认知认同、树立鲜明导向、强化示范带动，引导人们把社会主义核心价值观作为明德修身、立德树人的根本遵循。"① 要将社会主义核心价值观内化为群众"自我价值系统"的一部分，倡导和弘扬忠诚老实、光明坦荡、公道正派、实事求是、艰苦奋斗、清正廉洁的价值观，旗帜鲜明抵制和反对关系学、厚黑学、官场术、潜规则等庸俗腐朽的政治文化，不断培厚良好政治生态的土壤，遵循信念、信仰、理想的递进演化规律，通过科学引导、系统教育和有针对性的强化，促进群众的廉洁价值意识从自发提升到自觉、从心理水平提升到观念水平，引导树立正确的思维方法，增强对廉洁与腐败的价值判断与选择能力。

缔结情感连接，增进廉洁认同。廉洁认同是指个体或集体对廉洁规范的认可、接受和内化，它在心理和道德层面上表现为对廉洁文化的积极评价和支持。情感的缔结能够促成强大的集体凝聚力和号召力，使得廉洁意识从认知层面上升至情感层面，进而从根本上对廉洁思想

① 《中共中央国务院印发新时代公民道德建设实施纲要》，《人民日报》2019年10月28日。

产生认同心理。廉洁认同是建立在个体与社会互动的基础之上的，它不仅需要个体内在道德修养的支持，也需要外部环境的熏陶。因此，要运用好外部环境对于廉洁认同的塑造方法，将廉洁文化的知识以多样且有效的形式输入到群众的大脑之中。当前，可以运用文化与景观相互结合的手段，营造廉洁的文化环境，以最直观的形式将廉洁文化表现出来，通过其直观性、美观性、形象性与艺术性的特点，巧妙地将廉洁文化与环境融合为一体，激发出个体与环境之间的情感，让广大群众接受视觉上的冲击和精神上的洗礼，从而净化群众心灵，陶冶群众的廉洁情操，这样不仅美化环境，还能在日常生活的点滴中传递廉洁理念，使人们在潜移默化中将廉洁思想内化于心，增进廉洁认同。总的来说，就是要以人民群众喜闻乐见的形式培育人民以廉为荣、以贪为耻的共同情感，引导群众自觉抵御腐败等不良现象，使得社会各个阶层形成共同的价值观念和思想观念，增强凝聚力与认同感。可以通过打造廉洁主题公园、雕塑、长廊等人文景观，将廉洁理念融入城市建设和社区环境中，特别要在贯穿、结合、融入上下功夫，在落细、落小、落实上下功夫，将廉洁文化转化为人们的情感认同和行为习惯。

链　接
▼

推进清廉宁波建设，让清廉之风启智润心

近年来，宁波市纪委监委立足本地实际，突出地方特色，在精准施教上下功夫，提升廉洁文化覆盖面、影响力，将党史学习教育与清廉文化相融，让党员干部和人民群众在耳濡目染中品味清风、正心修身。

吹响"清风作伴好扬帆"的干事创业号角。清廉文化既是"软实力"也是"内驱力"，宁波出台《关于推进清廉文化建设的实施意见》

《清廉文化建设重点任务责任分解方案》，把清廉文化建设融入经济社会发展各方面全过程，推动清廉文化建设教育从传统型向现代型转变，从粗放式向精细化转变，形成立体化纵深推进的科学路径。

打造"大珠小珠落玉盘"的清廉文化地标。宁波市纪委监委在"融"字上下功夫，充分激活当地丰富的红色资源，打造张人亚党章党纪学堂、浙东抗日根据地旧址群、朱枫烈士纪念楼等一批清廉文化基地，形成融党史学习教育和廉洁文化教育于一体的载体。此外，宁波还坚持在整合历史、人文、家规等资源上持续发力，一个个优秀人物的清廉故事从"故纸堆"里生动鲜活地走进群众生活。

打造"飞入寻常百姓家"的清廉文化作品。创作编印《党员干部家庭20项助廉清单》连环画清廉读本，排演以真实案例改编的舞台情景剧，开播"清廉家风"故事会，宣传清廉文化成果。积极利用网站、微信等平台，打造清廉文化传播矩阵。

构建"涓涓清流汇江海"的共同参与机制。清廉文化只有实现具体化、可视化、体验化，才能形成监督者和被监督者一体践行清廉建设的良好氛围。构建"唤起工农千百万"的共同参与机制。宁波清廉家风馆自2020年开馆以来，每逢周末总是人头攒动。该馆由市纪委监委、妇联、文明办等多部门共同筹建，建筑面积1000余平方米，集家风家训展示宣讲、培育培训、互动体验为一体，以宁波全域视角，聚家庭"小美"，展家风"大美"，推动明大德、守公德、严私德，进一步提升家风建设成效，以清廉家风涵养清风正气。

（资料来源：于立志、张玉阁：《不为繁华易素心：新时代党员干部修养58讲》，中国民主法制出版社2023年版，第169—170页）

（四）引导群众自觉践行廉洁行为

廉洁行为是廉洁意识的具体体现，引导群众自觉践行廉洁行为，不仅关乎廉洁文化建设，也涉及社会伦理的塑造和公民道德的提升。

以良好家教家风涵育道德品行。家庭是社会的基本"细胞"，是道德养成的"启蒙者"。党的十八大以来，习近平总书记多次强调："不论时代发生多大变化，不论生活格局发生多大变化，我们都要重视家庭建设，注重家庭、注重家教、注重家风。"① 家庭是实施教育和塑造家风的根本依托，家教涉及家庭中长辈对晚辈的思想、道德、言行进行引导和规范。家风则是一个家庭在世代相传中逐渐积累和精练形成的独特品格和风貌，它体现了家庭的生活模式、道德风格、行为惯例和处世哲学，不仅关系家族传统的继承和发展，还深刻影响家族的外部声誉和社会认同。长辈通过教育训导晚辈，塑造家风，促进家庭建设，这是家庭发展的关键途径。家庭、家教和家风三者相辅相成，形成一个统一的整体，它们是新时代社会治理、美好生活实现、精神文明建设以及廉洁文化生活化的基本单元。教子先教德，养子贵养心。要弘扬中华民族传统家庭美德，营造积极向上、崇尚廉洁的家庭文化氛围，以社会主义家庭文明新风尚塑造廉洁追求，自觉继承和发扬中华孝道文化，借鉴古代家训智慧，培养子女对父母的敬爱和感恩之情。要推动形成爱国爱家、相亲相爱、向上向善、共建共享的社会主义家庭文明新风尚，以正确的道德观念塑造品格，以身作则、言传身教地塑造良好品行，通过日常行为潜移默化地影响子女，以良好家教家风涵育道德品行，引导群众自觉践行廉洁行为。

---

① 《习近平关于全面建成小康社会论述摘编》，中央文献出版社 2016 年版，第 121 页。

以先进模范引领社会风尚。伟大时代呼唤伟大精神，崇高事业需要榜样引领。党的十八大以来，以习近平同志为核心的党中央站在实现中华民族伟大复兴中国梦的战略高度，尊崇英雄、致敬英烈、关爱楷模，以一系列开创性、示范性、突破性举措，建立健全中国特色功勋荣誉表彰制度，充分发挥功勋荣誉表彰的精神引领、典型示范作用，推动全社会敬仰英雄、学习英雄，形成新时代英雄辈出的良好局面，激发社会各界学习先进、崇尚廉洁的热情。树立良好榜样，就是要充分发挥道德模范的带头作用，弘扬榜样的先进性，引导形成崇廉尚洁的良好社会风尚。发扬榜样力量，就要立足工作岗位，紧密贴合基层组织，持续推出各行各业杰出人物，广泛推荐和宣传好人好事，让不同行业和群体都能有学习的榜样和行为的示范，从而营造出见贤思齐、争相先进的活跃氛围，鼓励群众尊敬、赞扬先进人物和英雄模范。各类媒体可以充分宣扬廉洁从业典型人物和先进事迹，通过宣讲会、事迹报道、专题节目、文艺创作、公益广告等多种方式，广泛传播他们的先进事迹和卓越贡献，以此树立明确的时代价值导向，展现社会的道德高地，在全社会形成示范效应。在廉洁榜样示范的过程中，也要注重反馈与互动，实施正面激励与表彰机制，以正面激励不断强化人们的廉洁意识，营造积极向上的社会氛围，从而鼓励更多人自觉践行廉洁行为。

链　接

榜样力量：三代相传，医者仁心

记者采访钟南山的儿子钟惟德时，他着重讲了小时候的一件事。钟南山带着钟惟德回家，走到一个路口，钟南山让儿子先走，自己在后面待一会儿。好奇心让钟惟德走了又悄悄返回来，看到了父亲的善举：父亲掏出来一点钱，资助了一位露宿街头的人。钟惟德回忆说，父亲之所以让他先走，是不想张扬。这个画面，深深地刻在了钟惟德的脑海里，激励着他养成善良仁义的品行。

父亲钟世藩对钟南山的言传身教，钟南山对儿子钟惟德的言传身教，就像一条奔腾的河，在岁月时空里流淌不息。

钟家人不服输，这点在钟南山身上尤其明显，也正因为有了他的逆境前行，才有了更多人的岁月静好。

钟惟德以前喜欢文科，但在爷爷和父亲两代医生的影响下，他最终弃文从医，至今在他办公室里还挂着一幅书法"剑胆琴心"：医学上有胆识，医德上有仁心。只是，与爷爷、父亲的专业不同，钟惟德选择了泌尿外科，他说，"不想让别人认为，我是仗着父亲在医学界取得的成就"。

（资料来源：中央纪委国家监委宣传部编著：《清风传家》，中国方正出版社 2020 年版，第 59 页）

以重点群体做出行为表率。邓小平曾指出："为了促进社会风气的进步，首先必须搞好党风，特别是要求党的各级领导同志以身作则。党是整个社会的表率，党的各级领导同志又是全党的表率。"[1] 党员干部是廉洁文化建设的主体力量，是引领廉洁社会风尚的关键少数，也是群众的学习对象。作为党和国家的骨干力量，党员干部理应成为廉洁制度体系的践行者和示范者，应当用自身的一言一行、一举一动来诠释廉洁文化的要义与规范，发挥言传身教的辐射作用。为此，党员干部应当落实全面从严治党要求，加强理想信念教育、政德修养，将正确的道德认知、自觉的道德养成以及积极的道德实践

[1] 《邓小平文选》第 2 卷，人民出版社 1994 年版，第 177 页。

紧密联系起来，不断加强理论学习，提高政治觉悟，坚定理想信念，牢记党的宗旨，始终保持共产党人的高尚品质和崇高风范。在工作作风上，始终坚持法律红线不可逾越、道德底线不可触碰的理念，严格执行党的纪律规定，做到纪律面前没有例外；自觉抵制各种诱惑，坚决反对腐败行为，做到公私分明，清正廉洁，不利用职务之便谋取个人私利。在与人民群众的关系上，要始终保持同人民群众的血肉联系，始终牢记中国执政党的根基在人民、血脉在人民、力量在人民，在严肃规范的党内政治生活中锤炼党性、改进作风、砥砺品质，践行忠诚老实、公道正派、艰苦奋斗、清正廉洁等品格，在日常生活中主动接受党内监督、群众监督和社会监督，虚心接受批评和建议，及时纠正错误，防止权力滥用。同时，应当主动从英雄人物与时代楷模身上学习廉洁风范，不断提升廉洁修为，修身立德，打牢廉洁根基，引导群众树立学廉、知廉、崇廉、守廉的生活态度，使廉洁自律成为个人的生活准则和精神追求，形成好思想、好品行、好习惯，为全社会做出廉洁行为表率。

三、发挥基层党员的模范作用

沧海横流，方显英雄本色；勇毅担当，则无惧艰难险阻。习近平总书记强调："任何事业都离不开共产党员的先锋模范作用。只要共产党员首先站出来、敢于冲上去，就能把群众带动起来、凝聚起来、组织起来，打开一片天地，干出一番事业。"① 党是整个社会的表率，党的各级领导同志又是全党的表率。新时代廉洁文化生活化建设，基

---

① 新华月报编：《新中国 70 年大事记：1949.10.1—2019.10.1》下，人民出版社 2020 年版，第 1989 页。

层党员及干部要在自身岗位上承担责任，发挥先锋模范作用，始终走在时代前沿，让廉洁文化引领日常生活。

（一）建立廉洁从业考核指标体系

执政党的党风关系党的生死存亡，坚决惩治和有效预防腐败，是党必须始终抓好的重大政治任务。基层党员干部廉洁从业是全面贯彻党的路线方针政策的重要保障；是新时代加强党的执政能力建设、推进党的自我革命的重要内容；是推进改革开放和社会主义现代化建设的基本要求；是正确行使权力、履行职责的重要基础。促进基层党员领导干部廉洁从政，必须坚持标本兼治、综合治理、惩防并举、注重预防的方针，按照建立健全惩治和预防腐败体系的要求，建立廉洁从业考核指标体系，健全制度，强化监督，坚持自律和他律相结合，发挥基层党员的模范作用，让廉洁文化引领日常生活。

建立适应廉洁文化建设要求的基层党员干部从业考核体系。对于党员干部来说，廉洁自律是必备的政治品格，是拒腐防变的第一道防线，既是"安全带"，又是"紧箍圈"，是确保权力"方向盘"不偏的重要保证。建立适应廉洁文化建设要求的从业考核体系，能够促使基层领导干部明确其工作从业的本质及初心，进而增强他们狠抓反腐倡廉和解决实际问题的能力，使得廉洁建设的成果"瓜熟蒂落"。为此，应对基层廉政建设落实主体责任情况进行科学评价，将贯彻廉政建设工作的部署，认真贯彻执行《中国共产党党内监督条例》《中国共产党廉洁自律准则》等各项规定纳入量化考核项目，并进行系统评分，从基层领导干部对于廉洁工作的处理策略、过程以及结果考察其廉洁治理能力，凸显从业考核对基层领导干部廉政建设治理能力的推动作用。

首先，在制定考核标准的同时，要注重考核内容的量化与制度化，对于被考核的个体或单位落实情况及成果成效进行定量分析，定性评价，对党风廉政建设和反腐败工作成绩显著的部门和个人及时给予表彰和奖励，对于存在特殊问题的干部，要及时进行提醒谈话，及时从源头上遏制贪污腐败的发生。其次，要注重领导干部廉洁从业考核的常态化，将廉洁从业考核作为一项常抓不懈的工作抓在经常、融入日常，真正实现党员干部带头廉洁自律，带头廉政勤政，将"忠诚、干净、担当"作为修身之本、从业之道和成事之要。最后，要树牢"一盘棋"思维，建立廉洁从业考核统筹协调机制，上下贯通、左右衔接、内外结合，使不同地区、层级和部门的干部廉洁从业考核数据能够共享共用，提升考核本身的效率和效果。

基层党员干部廉洁从业考核要坚持以人民为中心。党员干部是党的事业骨干，是人民的公仆，正确行使权力的本质就是权要为民所用，情要为民所系，利要为民所谋。党的纲领和宗旨要求基层干部要树立全心全意为人民服务的意识，必须坚持把人民群众作为服务主体，以人民群众满意不满意、拥护不拥护、赞成不赞成作为衡量自身工作得失的标准，坚持以"金奖银奖不如老百姓的夸奖，金杯银杯不如老百姓的口碑"为准则。基层党员干部应清醒地认识到，自己手中的权力是人民所赋予的。

要将人民群众对党的评价作为廉洁从业考核的重要指标，把"我为群众办实事"的实践活动作为锻炼培养、考察识别干部的重要途径。党员干部要将察民情、访民意放在工作的重要位置，坚持到群众中去、到实践中去，听实话、摸实情。通过"关键少数"带头，结合线上线下渠道，把群众急难愁盼问题、群众反映集中的共性需求和存在的普遍性问题梳理成民生项目清单，找准穴位、精准聚焦。党员干部应当把"我为群众办实事"的实践活动成效作为基层党组织发挥作用情况的重要标尺，面向群众"晒"实事、常态长效"督"进度、社会各界"评"效果，把为群众办实事做在日常、做在经常，注重小事实做，狠抓常态长效机制。除此之外，还应当注重制度完善，积极开展党风廉政建设意见征求和谈心活动，及时做好信访转办、群众来信来访、投诉举报的处理工作，建立健全党务公开、政务公开、办事公开、村务公开等制度，提高权力运行的透明度。

加强对基层党员干部廉洁从业考核的监督检查。各级党委、政府组织要履行党风廉政建设监督责任，督促检查相关部门落实惩治和预防腐败工作任务，经常进行检查监督，严肃查处腐败问题。中央《关于实行党风廉政建设责任制的规定》中，将"领导、组织并支持执纪执法机关依纪依法履行职责，及时听取工作汇报，切实解决重大问题"作为领导班子和领导干部的应尽责任之一。各级纪检监察检察机关也应按照要求组织开展廉洁从业监督检查，创新监督检查方式方法，在监督检查的过程中，对于苗头性的问题要及时给予预警提醒，从而消除潜在风险，对于全局性的问题要及时上报上级党组织和监察机关，并责令相关组织和人员及时整改，严肃查处基层组织和党员干部违反党纪政纪、侵害群众切身利益的问题，同时，要将检查结果记录在案，并作为基层党员干部选拔任用、业绩评价、奖惩评定、责任追究的重点依据。党员干部和工作人员也应当经常对照《基层党风政风监督检查和责任追究办法》，通过民主生活会、个别谈话、走访群众等形式，采取"上级点""群众提""自己查"等方式深入勘察，重点查找廉洁从业方面存在的突出问题，并逐一制定针对性、操作性强的整改措施，提出相应整改方案，常洗"阳光浴"，常听"批评语"，常敲"廉政钟"，真心实意地听取各方面的意见，积极主动地接受各方面的监督。

链　接

▼

古代中国的官僚队伍廉洁考核制度

为保证整个官僚队伍的廉洁性，中国古代就非常重视对官吏自身廉洁性的考核与监察，通过监察机关职能的发挥，对官员的行政行为作出相应的评判，这在一定程度上防范并遏制了腐败行为的滋生。

关于官僚队伍廉洁的考核制度，早在上古时代的《尚书·舜典》中就有记载，其曰："三载考绩，三考黜陟幽明，庶绩咸熙"。到西周，周公则注重从"善、能、敬、正、法、辨"六个方面加强对官吏廉洁性的考核，称为："一曰廉善，二曰廉能，三曰廉敬，四曰廉正，五曰廉法，六曰廉辨"。到秦代，《秦律》规定，吏有"五善五失"，其中，"五善"之二即"清廉毋谤"，意思是，对官员廉洁性的要求仅次于忠君敬上；"五失"之五即"贱士而贵货贝"，而对于"居官善取，安家室而忘官府"的官员，也在"五失"之列。除此之外，秦朝还专门制定了考核官员的《效律》，对官员的行政行为作出了明确规定，责任划分也凸显公正。到唐代，官员考核法规开始初步形成体系，最具典型意义的当属"四善二十七最"，其中，"四善"即德义有闻、清慎明著、公平可称、恪勤匪懈，对官吏的勤政廉政作出了明确而严格的规定。到清朝，将官员的考核又分为"京察"和"大计"，考核标准则称为"四格八法"。其中，"四格"即指"才、守、政、年"，"八法"即为具体的惩处标准。

在严密的考核制度基础之上，历代统治者还特别重视建立从中央到地方的官员监察体系。最著名的如"御史"，它是古代监察官的专称，被多个朝代所承袭运用。其职责主要在于：如果发现官吏有违法腐败行为，程度严重的则上奏裁决，程度较轻的则当即处分，对于徇私枉法者，轻则惩处使其免职丢官，重则追究其相应的刑事责任。由此可见，在相对独立的监察体系下，御史享有弹劾、处分等惩处大权，这就有利于摆脱行政隶属关系的羁绊，为依法惩贪、廉洁治吏提供了良好的制度性保障。

（资料来源：任建明主编：《反腐败制度与创新》，中国方正出版社 2012 年版，第 358 页）

（二）落实基层干部廉洁履职要求

基层党员干部是党和政府联系服务群众的桥梁和纽带。基层党员干部要扣好廉洁从政的"第一粒扣子"，内靠理论夯基、思想引领、修身律己，外靠组织监管、纪律约束。

基层党员干部要守好初心使命的"根基"。树高千尺，要靠深深扎根，信念坚定，要有思想根基。基层党员干部要始终不忘初心、牢记使命、学思践悟、真信笃行，锤炼出忠诚干净担当的政治品格，团结带领全国各族人民为实现伟大梦想而共同奋斗。中国共产党人的耿耿初心、庄严使命，植根于马克思主义中国化的思想沃土。基层干部要认真学习领会习近平新时代中国特色社会主义思想，不断巩固守初心、担使命的思想根基，在当代中国马克思主义、21 世纪马克思主义的理论熏陶下投身实践、推动工作。为此要加强基层干部的创新理论主题教育工作，使广大党员干部自觉在思想上、政治上、行动上同以习近平同志为核心的党中央保持高度一致，坚定对马克思主义的信仰、对中国特色社会主义和共产主义的信念。

基层党员要始终把人民群众装在心里，与人民群众同呼吸、共命运，勤勤恳恳为人民办事，老老实实接受人民监督，以自身的实际行动密切党同人民群众的血肉关系。毛泽东曾指出，我们的权力是人民给的。^①谁授权，就要为谁服务，就要对谁负责，这是政治学的一条普遍原理，也是权力运行的一条基本法则。背离这一法则，权力就有丧失的危险。这要求基层干部破除"官本位"思想，树立公仆意识，真正做到权为民所用，情为民所系。要将理论学习的成果转变为为民服务解难题的实际行动，树立以人民为中心的发展思想，增进同人民群众的感情，着力解决群众的操心事、烦心事、揪心事，不断增强人民群众对党的信任和信心。因此，作为新时代基层党员干部，要敢想敢为，做好本职工作，守好初心使命的根基，坚定理想信念，守住廉洁自律底线，永葆清正廉洁本色。

基层党员干部要拧紧思想开关的"闸门"。"闸门"一旦被打开，欲望的"洪水"就会汹涌而至，"防线"一旦被突破，往往会"兵败如山倒"。基层干部要正心明道、怀德自重，做一身正气、一尘不染的人，时刻自重自省，廉洁自律，坚定正确的世界观、人生观、价值观，不能在"月黑风高无人见"的自欺欺人中乱了心智，不能在"除了你我没人知道"的花言巧语中迷了方向，不能在"富贵险中求"的侥幸心理中铤而走险。

一是要常态化抓牢党风廉政教育，持续加强预警惩治联动，以反面典型案例进行警示教育，以案说纪、以案说法、以案说德、以案说廉，使干部明确哪些事情能做、应做，哪些不能做、不应做。党员干部廉政教育要从个人维度、单位维度、社会维度等三个方面展开，综合施策推动开展"走心式"学习、"点穴式"提醒、"沉浸式"体验、"解剖式"自查、"融入式"监督，激发党员干部崇廉尚洁、见贤思齐的自觉。二是要提高党员干部的党性修养和思想觉悟，固本培元，形成有效的思想免疫体制，为不敢腐、不能腐构筑起坚固思想堤坝，推

---

① 参见《毛泽东选集》第4卷，人民出版社1991年版，第1128页。

动不想腐成为党员干部的思想自觉和行动自觉，做到干部清正、政府清廉、政治清明。党的十八大以来，习近平总书记指出："党性是党员干部立身、立业、立言、立德的基石。"① 这就是要引导广大党员、干部修好党性教育这一共产党人的"心学"，坚守共产党人的精神家园，始终保持共产党人的政治本色。为此要坚持党性、党风、党纪一起抓，以钉钉子精神纠治"四风"，在严肃的党内生活中锤炼党性，方能不断增强对不良习气的免疫力和抵抗力。

基层党员干部要坚守规则纪律的"底线"。每一名党员干部都应当认识到清正廉洁的重要性和违反党纪的危害性，牢固树立纪律意识，保持对纪律的敬畏之心，时刻遵守廉洁纪律，始终不越"雷池"、不踩"红线"、不破"底线"。基层干部要多对照党的立场观点方法，检视自身、改进提高，加强修养、完善自己，注重小节、规范自己，始终做到自重、自省、自警、自励，强化纪律观念。从 1926 年颁布党的历史上首个反腐文件《中共中央扩大会议通告——坚决清洗贪污腐化分子》，到 1997 年制定的《中国共产党纪律处分条例（试行）》，再到新时代制定的《违规发放津贴补贴行为处分规定》《领导干部配偶、子女及其配偶经商办企业管理规定》，党的廉洁纪律不断发展完善，为党员保持清正廉洁的品格明确了制度规范，每一名党员干部都应当认真学习，时刻遵守。要始终高悬法纪的明镜，紧握法纪的戒尺，知晓为官做事的尺度，主动守小节筑防线，永葆守纪如铁的自律定力，给自己的兴趣"上把锁"，给日常的交往"划条线"，给八小时之外"设道岗"，坚决不破底线、不踩红线、不碰高压线。党员干部要以高标准严要求锤炼廉洁自律的政治品格，在严格自律中加强党性修养和

---

① 《习近平总书记在河北、兰考两地调研指导党的群众路线教育实践活动报道集》，人民出版社 2014 年版，第 12 页。

品格陶冶，淬炼公而忘私、甘于奉献的高尚品格，涵养克己奉公、清廉自守的精神境界，在群众中树立廉洁从政、勤政为民的良好形象，用权为公，不以权谋私，正确处理好个人利益与党的利益、人民利益的关系及权力与法律的关系，要有法必依，执法必严，违法必究，决不能以权代法，以权压法，徇私枉法。

链　接
▼

珍惜手中权力　远离职务犯罪

职务犯罪是指国家工作人员利用职务便利实施的贪污、受贿、玩忽职守、滥用职权、徇私舞弊，或者侵犯公民人身权利，破坏国家对公务活动的管理职能，依照刑法规定应当受到刑罚处罚的犯罪行为。司法实践中主要表现为贪污受贿、挪用公款等经济犯罪和玩忽职守、滥用职权等渎职侵权犯罪，其本质特征是权力的异化和失控，是腐败现象最突出的表现。由于职务犯罪主体的特殊社会地位和社会影响，其犯罪行为所产生的负面效应远远超出腐败本身对社会造成的直接损害，造成极其恶劣的社会影响。

党员干部利用职务犯罪，对于人民的危害是巨大的，对于社会的公平和正义是有巨大危害的。很多党员干部利用职务犯罪，其根源就是不珍惜手中权力，将权力为己所用。所以，正确地对待自己手中的权力，珍惜手中的权力就是珍惜自己的人格和自由，就是珍惜家庭的幸福。一失足成千古恨，船到江心补漏迟，我们身边的例子还少吗？

避免党员干部职务犯罪主要从三点入手。

首先，要严肃查处、严肃处理。媒体要加大党员干部职务犯罪典型案例的曝光力度，让党员干部不敢职务犯罪。

其次，要实行严密的监督措施。要利用各种监督力量，如媒体、举报电话、网络等，织密监督网，让党员干部不能职务犯罪。

最后，要多开展警示教育。党员干部的工作与人民群众的关系密切，牵涉社会生活和经济生活的方方面面，党员干部能不能廉洁，直接关系到党和政府的形象，影响社会的稳定。在党员干部中开展警示教育，增强他们的防范意识，对有效预防职务犯罪，维护正常的社会和经济秩序有着重要意义。以身边事教育身边人，让旁听者身临其境，能有效增强警示教育的实效性和针对性，引导党员领导干部时刻警醒、鞭策自己严守党纪国法、远离职务犯罪，持续筑牢正风肃纪的思想篱笆。

（资料来源：李军燕、郭慧毅、阎墨编著：《永远在路上：党员干部廉政风险防范与自控》，人民日报出版社2023年版，第184—186页）

（三）始终保持先进性和纯洁性

习近平总书记在中央政治局第十五次集体学习时强调："我们党作为百年大党，如何永葆先进性和纯洁性、永葆青春活力，如何永远得到人民拥护和支持，如何实现长期执政，是我们必须回答好、解决好的一个根本性问题。"① 始终保持党的先进性和纯洁性，是我们党生存、发展、壮大的根本性建设。要坚持在思想上正本清源、固本培元，筑牢思想道德防线，增强拒腐防变和抵御风险能力，时刻保持共产党人的政治本色。

自觉学习党章党规党纪。习近平总书记强调："每一个共产党员

---

① 《全党必须始终不忘初心牢记使命　在新时代把党的自我革命推向深入》，《人民日报》2019年6月26日。

特别是领导干部都要牢固树立党章意识，更加自觉地学习党章、遵守党章、贯彻党章、维护党章，用党章党规党纪约束自己的一言一行，增强纪律意识、规矩意识，进一步养成在受监督和约束的环境中工作生活的习惯。"① 党章是党的总章程、党的根本大法，集中体现了党的理论和路线方针政策，规定了党的重要制度，对推进党的事业、加强党的建设具有重要指导作用。党章对党的性质、宗旨、纲领、指导思想以及重大方针政策作了精准阐述，对党员的权利和义务、党的组织、党的干部、党的纪律、党的制度等内容进行了总体性规定，对党的建设提出了总体性要求，具有普遍的适用性和强大的规范性。

要使基层干部始终以党章为根本遵循，始终牢记遵守党的纪律规矩，时常对照党章党规这面镜子，经常把党员义务理一理、把纪律规矩紧一紧，经常检查自己的党章意识、党性观念、党员意识是不是偏离了正常轨道，严守党的政治纪律和政治规矩，真正心有所畏、言有所戒、行有所止，不断提高政治境界、思想境界、道德境界。党员干部要在学党章、懂党章的基础上更好地守党规、守党纪，要将党章党规党纪了然于心，以《中国共产党纪律处分条例》为学习重点，将党组织集体学习和个人自学结合起来，逐章逐条学，联系实际学，明确掌握其主旨要义和关于廉洁纪律的规定要求，进一步明确行使职权的纪律标尺。

自觉抵制庸俗腐朽思想。弘扬和发展什么样的政治文化，是我们党能否保持先进性、纯洁性的根本和关键，我们必须深刻认识庸俗腐朽的政治文化的主要表现、成因和危害，大力发展积极健康的党内政治文化，以坚定的文化自觉、文化自信推动全面从严治党向纵深发展。坚决抵制庸俗腐朽的政治文化，发展积极健康的党内政治文化，是我

---

① 《一刻不停推进全面从严治党　保障党的二十大决策部署贯彻落实》，《人民日报》2023 年 1 月 10 日。

们党的一贯主张。庸俗腐朽的政治文化有多种表现，关系学、厚黑学、"两面人""潜规则""当官做老爷"等思想犹如传染病菌，侵蚀着党内的凝聚力和战斗力。

时至今日，仍有部分党员干部的意志思想不够坚定，对于党的规则纪律不上心、不了解、不掌握，从而在庸俗腐朽文化影响和利益驱使下产生拉关系、套近乎、当面一套背后一套、"官气"十足等不良行为，导致理想信念动摇，世界观、人生观、价值观扭曲，认为共产主义是虚无缥缈的幻想，丧失了理想信念，造成精神上"缺钙"，得了"软骨病"，甚至走向违法犯罪的深渊。为此，党员干部应当坚决抵制庸俗腐朽的政治文化，发扬积极健康的党内政治文化，始终坚持马克思主义的指导地位，坚持中华优秀传统文化的基础地位，学会用马克思主义的立场观点方法指导实践，加强经典著作和基础理论研究，加强实践经验总结和现实问题研究，以科学的态度、创新的精神扎实推进党内政治文化建设。其本质就是要用社会主义先进文化、先进的中国共产党党性文化，战胜封建主义和资本主义文化，从而培养造就那些践行共产主义理想、坚守廉洁价值观的好干部，使得党内政治文化始终保持积极健康，始终充满生机活力。

链　接
▼

党员干部要修好内功　防止被"围猎"（节选）

"围猎"一词，本意是指在打猎时，四面合围而猎。如今，在官场上时常被引用，比喻一些党员干部由于自身"功力"不强，抵御性差，被当作"猎物"剿杀的情况。党员干部要防止被"围猎"，就必须修好内功，筑牢防线，始终保持忠诚、洁净、担当的良好形象。

领导干部须修好内功，恪守本心。党的初心和使命是党的性质宗旨、理想信念、奋斗目标的集中体现，是激励中国共产党人不断前进的根本动力。因此，领导干部要把恪守初心作为修好内功的根本目标，时刻谨记"人民公仆"的身份，切实保持"守初心、担使命"的政治自觉，始终做"为人民谋幸福、为民族谋复兴"的引领者和奋斗者。

行贿与受贿是一根藤上的两个"毒瓜"，行贿诱导受贿，受贿刺激行贿。一些党员领导干部最终沦为"猎物"，除了信念意志不坚定，私欲膨胀等自身原因外，行贿者的"围猎"、腐蚀也是推波助澜的重要原因。尤其是对手握权力的党员干部来说，围猎渗透从未停止过。"从我们的角度来看，我们就是猎人，这些领导就是猎物"，一个不法商人的话暴露了"围猎"者的真实面目。

"苍蝇不叮无缝的蛋。"能不能防得住"围猎"，根本上还是取决于被"围猎"者的世界观、人生观、价值观。穿名牌、坐豪车、住豪宅……到最后人还是空虚的。能够为党和人民建功立业，得到组织和群众的认可，人的内心才是充实的。党员干部首先还是要补足精神之"钙"，筑牢信仰之基，才能修好内功，防止被"围猎"。

（资料来源：李军燕、郭慧毅、阎墨编著：《永远在路上：党员干部廉政风险防范与自控》，人民日报出版社 2023 年版，第 12—15 页）

总之，廉洁文化生活化是一项深入持久的系统工程，它伴随着中国特色社会主义建设的全过程。当前社会价值多元，思想复杂，只有全体社会主体坚定廉洁思想的价值导向，才能确保廉洁文化入脑入心，融入日常生活。这需要我们全党全社会的共同努力，以宽广的视野、辩证的思维和大胆的实践，不断探索，不断创新，不断突破，引领廉洁文化生活化的新路径。同时，加强官德教育和廉政文化宣传，真正构筑起坚实的廉洁防线，形成社会廉洁文化生活化的合力，从而为廉洁文化生活化建立长效机制，打造崇尚廉洁、践行廉洁的良好社会氛围。

第三章

提升传播效能：
让廉洁文化走进日常生活

　　习近平总书记在二十届中央纪委三次全会的讲话中强调，要加强新时代廉洁文化建设，"积极宣传廉洁理念、廉洁典型，营造崇廉拒腐的良好风尚"①，为提升廉洁文化传播效能提供理论指导。新时代如何让廉洁文化走进日常生活，关键是要提升廉洁文化的传播效能，增强吸引力和感染力。为此，新时代我们要通过优化传播方式、拓展传播载体、创新传播话语等方式，让清廉文化深入基层、贴近群众，让群众在日常生活中爱听爱看，产生共鸣。

---

　　① 《深入推进党的自我革命　坚决打赢反腐败斗争攻坚战持久战》，《人民日报》2024 年 1 月 9 日。

一、优化廉洁文化生活化传播方式

传播方式是人类传递信息所采用的方法和形式。理论创新每前进一步，思想传播就要跟进一步。随着信息技术和大数据技术的不断发展，信息传播方式不断更新变化，需要进一步优化廉洁文化的传播方式。通过优化廉洁文化的组织传播、人际传播、大众传播，提升传播效能，使廉洁文化"飞入寻常百姓家"，形成崇廉拒腐的社会风尚。

（一）优化组织传播方式

组织传播是"组织与其成员之间、组织成员之间和组织之间的信息交流"①。廉洁文化可以充分运用组织传播实现生活化，也就是将廉洁文化深度融合于组织的肌体之中，推动廉洁文化走进日常、浸润人心。

第一，将廉洁文化融入组织制度，增强廉洁文化生活化传播力。在组织的诸要素中，健全的组织制度是组织存在和发展的支撑和保障。正如邓小平所指出，"组织制度问题更带有根本性、全局性、稳定性和长期性"②。在组织制度的设立、运行、监督中嵌入廉洁元素，优化廉洁文化的组织传播，为廉洁制度"立规矩""明方向"，增强廉洁文化生活化传播力。

首先，制定覆盖全组织的廉洁制度，推动廉洁文化宽领域传播。

---

① 顾孝华主编：《组织传播论》，上海交通大学出版社 2007 年版，第 50 页。
② 《邓小平文选》第 2 卷，人民出版社 1994 年版，第 333 页。

这要求组织制度设计和制定部门，将廉洁价值观融入组织制度体系中。借助清廉组织制度的刚性约束力，强化组织成员的廉洁意识，促使每位组织成员按制度规定履行职责、行使权力、开展工作，自觉维护廉洁制度的执行力、公信力，绝不在制度执行上谋私欲、搞变通、打折扣，共同构建清正廉洁的组织环境，实现廉洁文化的宽领域传播。

其次，践行全方位的组织廉洁制度，推动廉洁文化立体化传播。组织廉洁制度的生命力在于执行。"各项制度制定了，就要立说立行、严格执行，不能说在嘴上，挂在墙上，写在纸上，把制度当'稻草人'摆设，而应落实到实际行动上，体现在具体工作中。"① 以组织廉洁制度为准则和底线，严格要求每一位组织成员全方位践行组织廉洁制度，并通过组织内部网站、公告栏、员工手册等立体化传播方式，宣传组织的"硬约束"，打造立体化宣廉矩阵，让崇廉尚洁的时代新风不断充盈，增强廉洁文化生活化传播力。

最后，完善全链条组织监督制度，推动廉洁文化深层次传播。对权力实施监督，"关键是要健全权力运行制约和监督体系"②。习近平总书记在党的二十大报告中强调，"完善权力监督制约机制，以党内监督为主导，促进各类监督贯通协调，让权力在阳光下运行"③。做好组织监督和权力约束体系顶层设计，形成严密的监督体系，提升监督效能；明确监督主体角色，强化监督主体职责，确保监督无盲区，加强主体间协调配合，形成监督合力；建立全链条监督程序和机制，涵盖内外监督及结果反馈整改，筑牢防腐"防火墙"，确保监督规范化

---

① 习近平：《之江新语》，浙江人民出版社 2007 年版，第 71 页。

② 《习近平谈治国理政》第 1 卷，外文出版社 2018 年版，第 391 页。

③ 习近平：《高举中国特色社会主义伟大旗帜　为全面建设社会主义现代化国家而团结奋斗——在中国共产党第二十次全国代表大会上的报告》，《求是》2022 年第 21 期。

和法制化，使廉洁文化在组织制度的高效监督下发光发热，纵深推进廉洁文化深层次传播。

第二，将廉洁文化融入组织角色，强化廉洁文化生活化感染力。组织传播体系作为一个紧密的整体，将廉洁文化融入组织全域环节，要求每位组织成员树立正确的角色观，"只有树立正确角色观，我们才能在充满不稳定性与不确定性的世界中保持战略清醒和战略定力，不被乱花迷眼、不被浮云遮眼"①。因此，将廉洁文化融入组织角色，明晰自己在组织中的角色定位和职责所在，在不同岗位、不同环节中各尽所能，强化廉洁文化生活化感染力。

首先，发挥组织高层管理者在廉洁文化传播中的引领作用。我们要根据组织高层领导的职责和决策范围，聚焦廉洁文化的核心理念和价值观，通过深入浅出的讲解和案例分析，使组织高层领导深刻领悟廉洁文化的精神实质和时代内涵。同时，结合组织具体实际情况，引导组织高层领导正确识别和防范廉洁"风险点"，规避腐败"陷阱"，确保在工作中时刻保持清醒头脑，谨防搞"小圈子""拜码头""搭天线"等腐败"滋生点"，切实把"风险点"转化为"安全点"，使组织高层领导自觉践行廉洁从政权力观，坚守政治红线，建设廉洁政治环境。

其次，发挥组织中层管理者在廉洁文化传播中的协调作用。中层管理者在组织传播中发挥承上启下的作用。中层管理者要通过学习廉洁从政的原则和方法、廉政防控预警、公共资源的廉洁使用等，掌握廉洁工作的"难点"和"痛点"，防患于未然，提升其廉洁综合素质。同时，中层管理者要领会、贯彻上级领导的廉政管理思想和决策部署，

---

① 于洪君：《中国特色大国外交的历史观大局观角色观》，《人民日报》2018年10月8日。

在廉洁"战线"中起表率作用，树立正面榜样，必要时对下级组织成员进行心理疏导和干预，引导下级组织成员加强廉洁自律意识，筑牢思想防线，守住纪律高压线。

最后，发挥组织基层人员在廉洁文化传播中的基础作用。2021年2月，习近平总书记在贵州考察调研时指出，"基层强则国家强，基层安则天下安"①。向组织基层人员传播廉洁自律的基本要求、廉政建设的基本理念、廉洁从政的典型案例等，并通过开展多形式的廉洁教育活动，增强基层人员对廉政的关注度，践行清廉事业观。例如，对基层组织领导班子成员进行述廉、述职，鼓励基层群众积极参与民主评议和民主测评，反馈意见，并及时公示测评结果，凝聚基层群众对领导干部的"软约束"。最终使基层党员和公职人员普遍增强廉政意识，提高廉政素质，严守廉政底线。

第三，将廉洁文化融入组织奖惩机制，提升廉洁文化生活化引导力。习近平总书记在中央政治局第二十一次集中学习中强调，"推动形成能者上、优者奖、庸者下、劣者汰的正确导向"②。组织奖惩机制是维持廉洁权力高效运行的必要手段。深化激励担当和约束保障，提高组织成员政治站位、强化责任担当，提升廉洁文化在日常生活中对民众的引导力，引导激励党员干部切实做到廉洁奉公、勤政为民。

首先，建立廉洁激励机制。习近平总书记在主持召开新时代推动中部地区崛起座谈会时强调，要建立健全考核激励制度。"物质生活富裕是精神生活富裕的前提"③，只有解决了组织成员的物质需要，才

---

① 《总书记的温暖牵挂》，《人民日报》2023年1月22日。

② 《习近平谈治国理政》第4卷，人民出版社2022年版，第505页。

③ 刘向军：《促进人民群众物质生活和精神生活共同富裕》，《红旗文稿》2023年第5期。

能进一步追求精神生活。一方面，优化工资结构，增强廉洁薪酬机制的激励作用，在组织薪酬架构中完善奖金制度，按照廉洁考核结果公开、公平、公正地分配奖金，适当拉开不同岗位的个体收入差距。另一方面，落实廉洁精神激励机制。在实际工作中，组织定期进行廉洁员工的评选活动，在公开场合向其颁发荣誉证书及奖励，以此激励员工，提升员工工作积极性，将"激励效应"转化为崇廉尚洁的动力。

其次，完善廉洁约束机制。在组织廉洁机制建设过程中，必然存在一些"绊脚石""拦路虎"，此时就需要廉洁约束机制去有效遏制不良行为的发生。完善廉洁制度的惩罚约束机制主要通过以下方式：一是权力分解，适度分散权力，避免权力过度集中，能减少腐败风险。二是交叉管理，不同组织、部门和个人共同参与管理，相互监督。三是干部换岗，定期调换干部工作地域，避免社会关系网络滋生腐败。四是以责制权，建立严格责任制度，确保权力运行受监督，解决权责失衡问题。四种方式多管齐下，有效防范腐败，促进廉洁文化健康发展。

最后，健全廉洁晋升机制。将晋升候选人的从业信息通过信息化平台对外公示，并于线上或线下对候选人的廉洁自律情况进行民主测评。民主测评既要有组织领导与同事做出的评价，也包括人民群众做出的评价，尽可能面面俱到，确保所有环节公开透明、公平公正。此外，每个测评环节除了单位内部监督以外，也要有监察机关、舆论媒体等多形式的外部监督。形成社会监督合力，共同将廉洁要素落实到每一个"审核关"。

链　接

▼

制度治廉：以制度落实为突破口

中央纪委五次全会关于建立国有企业业务招待费使用情况向职代会报告的制度（以下简称"制度"）以及监察部、国家经贸委、全国总工会《关于国有企业实行业务招待费使用情况向职代会报告制度的规定》（以下简称"规定"）下发后，地委、行署十分重视，成立了地区国有企业领导干部廉洁自律办公室，负责制度和规定的贯彻落实工作，并召开专题会议部署安排。要求各级党委、政府、各企事业单位切实把贯彻落实制度和规定作为加强企业管理，推进党风廉政建设的重要环节来抓，认真组织干部、职工学习制度和规定，全面领会精神实质；结合实际制定贯彻落实制度、规定的具体措施和办法。强调企业党政领导班子和领导干部要提高对贯彻执行制度、规定的认识，充分相信和依靠群众，真正确定工人阶级的监督主体地位，并将贯彻执行制度的情况纳入对企业党政领导干部工作考核的一个重要内容。

要求地区纪委、监察局、经委、工业局、商务局等单位要加强督促检查，全面贯彻落实制度和规定。据初步统计，全区有585家国有企业制定或修订了业务招待费使用管理制度，占国有企业总数的77%，其中有370家贯彻执行制度和规定的情况较好。通过贯彻落实国有企业业务招待费向职代会报告制度的规定，1996年上半年，全区国有企业业务招待费比去年同期下降26%，节约开支560余万元。实践证明，企业厂长（经理）将业务招待费向职代会定期报告，并由职代会向职工传达，在企业干部、职工中反映较好。它不仅增加了企业经营环节的透明度，加强了对业务招待费使用的内外监督和管理，使企业形成勤俭节约，减少浪费的良好风气，而且增强了职工群众的主人翁责任感，促使厂长（经理）保持清正廉洁，增进与职工的相互沟通、相互理解和相互信任，从而同心协力共同搞好企业。

（资料来源：中央纪委办公厅编：《廉洁自律三项制度》，中国方正出版社 1996 年版，第 132—133 页）

（二）优化人际传播方式

人际传播是指"个体与个体、个体与群体、群体与群体之间通过个人性媒介（面对面传播时所使用的自身感知器官与非面对面时使用的个人性通信媒介）进行的信息交流，以实现良好的信息传递和彼此相互理解或共鸣的目的"[①]。人际传播被认为是日常生活中最常见、最直接、最丰富的传播形式。优化新时代廉洁文化传播方式，在学校、家庭、朋辈圈等场景中，巧妙利用人际传播特有规律，搭建廉洁文化人际传播网络，优化廉洁文化生活化传播方式。

深化学校廉洁文化熏陶，构建校园免疫屏障。学校是培养和塑造青少年廉洁价值观的主阵地，也是开展廉洁文化教育、促进廉洁文化人际传播的主战场。

首先，树立校园廉洁文化榜样。一方面，老师的职责不仅仅是"传道授业解惑"，还应为学生树立一个良好的廉洁榜样。学校可以开展评选活动，表彰在廉洁方面表现突出的教师，激励更多教师积极认同并践行廉洁理念。另一方面，学校还应鼓励学生积极参与廉洁活动，选拔学生中的廉洁典型，让他们成为校园内廉洁文化的传播者和践行者，发挥榜样引领作用，带动更多学生关注廉洁文化，形成浓厚的崇廉氛围。

[①] 薛可、余明阳主编：《人际传播学》，同济大学出版社 2007 年版，第 15 页。

其次，加强校园廉洁文化教育。廉洁教育是多方主体责任。其一，学校应将廉洁教育纳入课程体系，开设涵盖廉洁理论、案例分析、实践活动等内容的廉洁课程或讲座，让师生系统了解廉洁文化的内涵和重要性，提高道德素养。其二，积极组织师生参与廉洁文化实践活动，如廉洁知识竞赛、模拟法庭等，增强学生的实践能力，让他们在实践中深刻体验廉洁文化价值。其三，加强"家校"合作。通过家长会、家长群、家长学校等途径，加强学校与家长的沟通交流，向家长宣传廉洁文化的重要性，引导家长关注和支持学校的廉洁教育工作，共同关注学生的廉洁成长，形成家校共育的良好局面。

最后，构建校园廉洁文化环境。在校园内设立廉洁文化宣传栏和标语，将廉洁理念融入学生的日常学习和教育中；组织开展廉洁主题书画作品征集、情景剧拍摄、微电影创作等活动，使学生在潜移默化中接受廉洁文化的熏陶。此外，学校还可以充分运用新媒体打造廉洁文化传播的虚拟空间，比如学校官方网站、微信公众号等网络平台，因地制宜打造廉洁文化阵地，定期发布廉洁文化相关话题，形成浓厚的廉洁文化氛围，引导学生关注、了解党风廉政建设最新动态，营造浓郁的廉洁文化育人环境，构建校园免疫屏障。

开展家庭廉洁文化活动，筑牢家庭免疫防线。《关于加强新时代廉洁文化建设的意见》提出，要推动廉洁教育融入家庭日常生活。廉洁教育融入家庭生活是廉洁文化建设的题中应有之义，也是优化廉洁文化人际传播的必然要求。

首先，发放"廉洁家庭倡议书"。社区和单位可以结合不同组织、不同部门、不同层级的特点，向社区党员家庭及普通家庭发放"廉洁家庭倡议书"，并号召党员、领导干部和社区家庭集体朗读和学习。"廉洁家庭倡议书"不仅是对党员、领导干部的廉洁提醒，更是倡导领导干部家属当好"廉内助""廉子女""廉亲朋"，营造洁己奉公、清正廉洁的家庭氛围，联手共筑家庭廉洁"防火墙"。

其次，签订"家庭助廉承诺书"。各级单位可以组织党员、领导干部及家属开展签订"家庭助廉承诺书"仪式，并给家属们发放弘扬廉洁文化、家庭美德相关的宣传书籍、画册或台历等。通过这一仪式，促进党员干部及其家属在"八小时"工作之外践行廉洁自律，打造以家风促党风，以党风政风带民风的良性互动局面。

最后，开展"廉洁家庭"相关活动。借助多彩多样的廉洁家庭活动，更好发挥家庭在助廉、促廉方面的积极作用。譬如，开展家属话廉座谈会、家属廉洁教育专题讲座、廉洁家庭评选、廉洁家庭表彰等活动。通过以上活动，既可以进一步挖掘廉洁文化的家庭案例，增长廉洁知识，又可以以先进典型的事迹感染人、鼓舞人、引导人，把反腐倡廉意识和观念深深渗透到家庭生活中，自觉构筑家庭反腐倡廉防线。

加强朋辈间廉洁文化交流，形成朋辈免疫圈层。物以类聚，人以群分。朋辈群体在生活中扮演至关重要的角色，不仅是人们人生旅程中的伙伴，更是思想交流碰撞的对象。优化廉洁文化生活化传播，人际交往中朋辈群体的重要性不容小觑。朋辈群体共同关注廉洁文化，相互学习、相互鼓励，并通过与其他圈层群体进行交流，共同推动廉洁文化的发展，形成朋辈免疫圈层。

其一，朋辈群体通过对廉洁文化的讨论与交流，营造浓厚的崇廉尚洁氛围。朋辈群体因共同的兴趣爱好，一同讨论社会热点问题，如反腐败典型案例、反腐倡廉的新举措等，关注廉洁文化对现实生活的影响与作用。同时，还可以从典型案例中汲取廉洁文化的智慧与力量，引导朋辈群体思考廉洁文化的当代价值。此外，朋辈群体通过推荐与廉洁文化相关的书籍、文章、视频等资源，互相分享对廉洁文化的理解和感悟，激发彼此的思考和兴趣，不仅能增进友谊，还能促进对廉洁文化生活化的深入理解。

其二，朋辈群体积极参与社区、学校或单位组织的廉洁活动。例如，参加廉洁知识竞赛，通过答题的方式检验朋辈群体对廉洁文化的掌握程度；参与模拟法庭活动，模拟真实的法庭场景，体验法律的公正与廉洁。这些活动不仅能够帮助朋辈群体增强对廉洁文化的认知和体验，还能够提高朋辈群体的法律素养和道德水平。

其三，朋辈群体共同策划、组织廉洁文化主题的公益活动。例如，开展以廉洁为主题的志愿服务活动，为社区或学校作出贡献；组织廉洁文化讲座或展览，向更多人传递廉洁文化的理念。通过实际行动，朋辈群体能够将廉洁文化的价值传递给更多人。

链　接

交友重德，优化朋友圈（节选）

晋朝文学家、哲学家傅玄在《太子少傅箴》中写道："近朱者赤，近墨者黑；声和则响清，形正则影直。"比喻接近好人可以使人变好，接近坏人可以使人变坏，强调客观环境对人有很大影响。

古人揭示的这个道理非常深刻。从近年来"落马"官员的忏悔录中就能窥见一二，"交友不慎"成为他们时常提到的一个词语。有媒体梳理披露的22名违纪违法官员忏悔录，发现有12人在忏悔录中将交友不慎作为自己腐败的原因之一，所以为官交往须慎重，朋友圈要纯洁。换句话说，党员干部要善交良友诤友，要交品德和品行良好的朋友。

但是党员干部在交朋友时，一定要先树立正确的交友观，心中有一个"交友账本"，即决不能什么人都交，什么酒都喝，什么事都做；即使是与正常的朋友和亲友交往，也要摆正"公"与"私"的关系，能答应的事可以答应，不能答应并且违规违纪的请求坚决不能同意，把这个关系"厘清"，相信每一名党员干部都能收获真正的友谊，交到与自己真诚交往的朋友。

但是，令人遗憾的是，少数党员干部毫无原则地交友，导致"朋友圈"十分不纯洁。比如，有的以钱财交友，为了达到个人的某种目的，轻易放弃党性原则结私朋、傍大款，互相利用，各取所需；有的以酒会友，爱交酒肉朋友，对于酒肉朋友的请求，不懂得拒绝，反而是来者不拒；等等。这些重感情轻政策、讲关系不讲原则的"坏"交际，导致的结果就是置党纪国法于不顾，最终受到法纪的制裁。

党员干部树立正确的交友观是十分重要的，交友首先要注重朋友的品德，即交友要重德。这就要求党员干部一方面要把握好择善而交的原则，应"亲君子，远小人"，选择结交对自己德行有提升有帮助的朋友，注意区别和排除不好的朋友。另一方面要坚持用正确的方式交友，有原则、有选择地去交朋友，去维护自己的友情，将那些不怀好意或者带有一定目的性的朋友拒之门外，时刻把党性原则和人民利益置于高于一切的位置。

（资料来源：李军燕、郭慧毅、阎墨编著：《永远在路上：党员干部廉政风险防范与自控》，人民日报出版社 2023 年版，第 137—139 页）

（三）优化大众传播方式

"大众传播是媒介组织通过大众传播媒介向受众快速、连续、大量地传递各种信息的过程。"[1] 传播主体、传播内容、传播渠道是大众

---

[1]　魏超主编：《大众传播通论》，中国轻工业出版社 2007 年版，第 20 页。

传播的组成要素，关系到大众传播的效能。廉洁文化生活化要充分利用大众传播方式，通过转变传播主体、拓宽传播渠道、优化传播内容等方式，构建廉洁文化传播矩阵，提升传播效能，让廉洁文化真正走进日常生活。

第一，转变廉洁文化传播主体，适应差异化传播趋势。传统的廉洁文化传播一般遵循以传播主体为中心的理念，主要借助电视、广播、报刊等传统媒体进行二维传播。2016年习近平总书记在党的新闻舆论工作座谈会上提出，"要适应分众化、差异化传播趋势，加快构建舆论引导新格局"①。新时代党风廉政建设和反腐败斗争面临的新情况和新形势，要求廉洁文化传播要从以传播主体为中心的传播方式向以大众为中心的传播方式转换。因此，廉洁文化传播要转变传播主体，适应精准化、分众化、差异化的传播趋势。

其一，传播主体要制定廉洁文化传播的合理预期。廉洁文化传播预期是传播主体对廉洁文化传播的范围、效果、作用等方面的期望和估计。在制定廉洁文化传播的预期时，应科学把握传播受众的数量、素质等情况，同时注意新媒体平台内容的丰富性和庞杂性，进一步认识新媒体时代廉洁文化传播的有限性与局限性。在此基础上，制定廉洁文化传播的合理预期，是新时代转变廉洁文化传播主体，适应差异化传播趋势的前提。

其二，传播主体要做好廉洁文化传播受众细分工作。所谓廉洁文化传播受众细分就是将廉洁文化的全部传播对象按照一定的标准或特征进行详细分类。目的是根据细分的受众进行精准传播，实质是适应并利用分众化、差异化的传播趋势，构建廉洁文化精准传播格局。具

---

① 《论学习贯彻习近平总书记新闻舆论工作座谈会重要讲话精神》，人民出版社2016年版，第6页。

体来说，就是廉洁文化传播主体要对廉洁文化受众进行精准分析。一方面分析廉洁文化相关信息的网络受众的浏览、点赞、转发数量以及留言跟帖内容，从传统媒体的广播收听率、电视收视率、纸媒订阅量等方面进行数据分析。同时，可以综合运用大数据、机器学习、AI 等技术手段或者根据职业、年龄、地域等进行分析。在分析的基础上掌握大众的信息接触习惯和视听偏好，从而勾勒用户图像，细分传播受众，为精准传播奠定基础。

其三，传播主体应重视廉洁文化传播受众的主观偏好和现实需求。传播受众是廉洁文化的最终感受者与接受者。因此，廉洁文化传播应该深入分析受众的主观偏好和现实需求，并主动根据受众需求和偏好制定和优化廉洁文化传播策略，针对不同的媒介和群体，制定群体特色的传播策略。一方面要注重调整传统媒体的传播风格，另一方面要适应网络传播渠道新要求新特点，充分利用网络新媒体的便捷性、交互性、瞬时性等优势，以及内容呈现方面的直观性、生动性和多元性等优势，勾勒廉洁文化传播系统，以更多元的廉洁文化内容和形式满足不同受众的多样化需求，实现廉洁文化生活化传播目的。

第二，拓宽廉洁文化传播渠道，多维度传播廉洁声音。随着信息网络的发展，新媒体、新平台、新渠道越来越多。从现实层面来看，过去"基于传统媒介的反腐倡廉宣传教育流于落后与陈旧、空洞和单调，而缺乏对新渠道新平台的开发利用"[1]。同时，我国网民构成具有低龄化的特征，网络中的青少年群体大多是"通过微媒体渠道参与社会热点和公共事件的围观、讨论、挖掘与传播，信息传播权和话语权

---

① 陈燕侠：《反腐倡廉的文化维度构建与传播模式创新——以〈人民快报·廉政周刊〉手机报为例》，《领导科学》2017 年第 2 期。

'去中心化'趋势凸显"①。面对以上挑战，需要采取积极措施应对，一方面要善于利用新媒体，拓展新渠道；另一方面要根据不同受众的不同特点和需求，选择不同的传播渠道。

首先，积极入驻新媒体平台。主动联络并入驻抖音、快手、微信视频号等社交媒体平台，发布一系列精心制作的有关廉洁文化的短视频及图文内容，短视频、图文既注重内容的充实度、精准度与创新度，又要以受众喜闻乐见的形式呈现，以吸引广大用户的关注和积极参与。此外，可以通过开发廉洁文化官方网站和 App，作为线上传播的核心阵地，定期发布廉政教育内容、案例解读等宣传信息，提供丰富的廉洁文化资源和互动功能，使用户随时随地学习和交流。

其次，打造线上廉洁文化"资源库"。注重挖掘地方优秀传统文化中的廉洁因子，拍摄具有地域特色的高质量廉洁文化微视频，如廉政微电影、警示教育片等，依托本地有线电视频道、微信公众号、抖音等平台进行传播，并努力推送至更高级别的纪检监察机关主流平台，以扩大影响力。让廉洁文化更贴近群众生活，更易于老百姓理解和接受。

最后，发挥融媒体优势。在传播廉洁文化的过程中，充分发挥融媒体优势，对廉洁文化内容进行二次加工、深度开发、提质升级。通过制作廉政漫画书、宣传手册等多元化的宣传资料，以更生动、更有趣的形式呈现廉洁文化。同时，以廉洁故事、廉洁家书、廉洁书画展等为新型载体，将廉洁文化更加广泛、深入地传播给公众，这些新型载体丰富了廉洁文化的呈现形式，更具吸引力和感染力。

第三，优化廉洁文化传播内容，实现高质量传播。在优化廉洁文

---

① 胡玉宁、朱学芳：《微媒体时代下青年社会心态的分析与引导》，《中国青年研究》2016 年第 11 期。

化传播内容时，不仅要追求形式的多样性，更要注重内容的质量和深度，以确保廉洁文化的传播能够获得认同，深入人心。

首先，挖掘真实案例是优化廉洁文化传播内容的核心。通过深度分析和解读极具影响力和代表性的真实案例，阐述案例背后的廉洁理念和价值观念，让受众更直观地感受廉洁文化的重要性和价值。其实，挖掘和呈现案例的过程，就是以案认知、以案说理、以案动情的过程。这样不仅能增强受众的认同感和共鸣，还能激发他们积极参与廉洁文化生活的热情。

其次，提炼核心信息是优化廉洁文化传播内容的关键。廉洁文化的内涵丰富而深远，因此在传播过程中，需要将其核心信息准确地传达给受众。通过提炼核心信息，如廉洁文化的核心理念、价值观以及实践方法等，能够确保受众在有限的时间内，迅速掌握廉洁文化的精髓，从而更好地理解和接受廉洁文化。

最后，加强学术支撑是优化廉洁文化传播内容的依托。邀请专家学者撰写廉洁文化相关的文章或研究报告，为传播内容提供学术支撑和权威阐述。这些文章或报告可以深入分析廉洁文化的历史渊源、理论内涵以及实践应用等方面内容，帮助受众获得更加全面、深入的了解。并且，学术支撑还能够提升传播内容的可信度，使受众更加信赖和接受廉洁文化。

链　接

▼

构建传播矩阵　多维传播廉洁文化

近年来，沧源佤族自治县纪委监委深入推进新时代廉洁文化建设工程，不断拓展廉洁文化宣传平台，推动廉洁文化宣传教育从线下到线上、从"指尖"到"心尖"，多维传播廉洁声音。

县纪委县监委借助微视频短平快、大流量传播的优势，持续打造以微视频为主，以工作纪实、廉政微电影、警示教育片为辅的廉洁文化"资源库"，依托"佤山清风""沧源融媒""微佤山"等本地主流微信公众号、抖音号发布系列廉洁文化宣传微视频，并精心挑选好作品推送到"廉洁临沧"微信公众号、"清风云南"抖音号等省、市级纪检监察机关主流平台，进一步丰富廉洁文化优质产品和服务供给。近年来，共制作系列微视频30余部，佤族廉洁文化微视频6部，纪检监察工作纪实专题片3部、警示教育片1部。

在微视频制作中，如何打造地域廉洁文化特色，是一个十分值得关注的问题。该县纪委监委注重挖掘佤族传统少数民族文化、佤山爱国主义精神中的廉洁因子，拍摄了《寨桩里的规矩与敬畏》《佤族的饭桌礼仪》等一系列以讲述佤族俗语、谚语、少数民族廉洁故事为主题的微视频，推送到省级抖音平台，一方面让廉洁文化符合地方特色，让群众看得懂、记得住，另一方面借助更高平台充分展示沧源县廉洁文化"辨识度"，进一步扩大影响力。

（资料来源：中共临沧市纪律检查委员会、临沧市监察委员会官网2023年7月28日）

二、拓展廉洁文化生活化传播载体

毛泽东曾指出："我们的任务是过河，但是没有桥或没有船就不能过。"[①] 廉洁文化生活化载体就是让廉洁文化走进日常生活的"船和桥梁"。只有不断拓展廉洁文化生活化传播载体，构建立体化的廉洁

---

① 《毛泽东选集》第1卷，人民出版社1991年版，第139页。

文化传播矩阵，才能增强廉洁文化生活化传播的引导力、影响力和渗透力，在日常生活中，对社会大众包括党员干部进行全方面、多层次的熏陶和教育，推动廉洁文化育人质效不断优化和彰显。

（一）拓展活动载体，增强廉洁文化生活化传播的引导力

"全部社会生活在本质上是实践的"①，活动是实践的主要表现形式。廉洁文化生活化本质上是一项育人实践活动，以活动为载体进行廉洁文化生活化传播，是贯彻落实马克思主义实践观的要求。在新的历史条件下，积极拓展廉洁文化生活化传播的活动载体，使廉洁文化的育人目的隐含在丰富多彩、喜闻乐见的活动之中，有助于增强廉洁文化生活化传播的引导力。

满足多元需求，拓展宣传教育活动载体。当前，在日常生活中廉洁文化的宣教活动主要通过理论学习、专题访谈与政策解读等方式，有的宣教内容与人民群众日常生活结合不够紧密，群众参与度不高，导致凝聚力不强。宣教活动载体作为承载廉洁文化传播的中介，要与时俱进，不断创新，才能满足党员干部及普通群众的多元需求。因此，要根据不同受众群体的实际需求，采取灵活多样的活动形式，推动廉洁文化的宣传教育往深里走、往心里走、往实里走，为广大党员干部群众搭建起立体生动的廉洁教育大课堂，增强廉洁文化生活化传播效能。例如，针对党员干部群体，要开展好新任领导干部、初任公务员、重点领域和关键岗位中层干部的廉政谈话活动、党纪法规集中学习活动、"以案促改"廉洁警示教育宣传活动等，促使其依法履职、廉洁从政；对于大中小学生，要科学把握各教育阶段青少年学生的身心特点、思想实际和认知规律，采用生活化宣教方法开展廉洁专题教育，

---

① 《马克思恩格斯选集》第1卷，人民出版社2012年版，第135页。

做到区分层次、整体衔接，并开展以廉洁教育为主要内容的综合实践活动，通过内容丰富、形式新颖和吸引力强的实践活动，给广大青少年学生以潜移默化的影响；面对广大普通群众，要广泛开展普法宣传教育活动，多采用形象直观、生动有趣的生活化形式，让群众在体验、感悟中得到启迪。总之，在开展廉洁文化生活化传播时，在满足受众需求的同时要加强与受众的互动交流，拓展宣传教育活动载体，增强廉洁文化生活化传播的引导力。

激发情感共鸣，拓展纪念仪式活动载体。纪念仪式作为人类早期祭祀礼仪的延伸和发展，是在特定时空范围内进行的仪式活动，也是一种特殊的文化传播载体，具有构建集体记忆、凝聚社会力量、激发情感共鸣、强化民族认同、巩固政治信仰等社会功能。相较于其他活动载体而言，纪念仪式活动在廉洁文化生活化传播中具有无可比拟的优势。因此，要以纪念仪式活动为载体拓宽社会成员对廉洁文化价值观的认知途径，使人们在仪式活动中唤醒内心深处的情感，接受、内化廉洁理念，进而转化为自觉的行动。

具体而言，拓展纪念仪式活动载体主要从三个方面入手：一是节日纪念，借助国家政治节日以及春节、清明节、端午节等传统节日开展纪念活动。这些节日纪念活动承载着丰富的历史记忆和民族文化，蕴含修身律己、崇廉尚洁等价值理念，寄托着中华民族对美好未来和廉洁生活的追求。二是廉洁榜样人物纪念，廉洁榜样人物是廉洁价值观、品德和奉献精神的象征，廉洁榜样人物的纪念活动能够激发民众的廉洁情感，弘扬社会正气。三是事件纪念，特别是对历史上反腐倡廉斗争中的重大事件进行纪念。通过纪念活动对腐败事件的警示和倡廉成效的展示，能够让参与者更加深刻地理解廉洁文化的独特性和价值。总之，"没有'人的感情'，就从来没有也不可能有人对于真理的追求。"① 我们应当充分利用纪念仪式所释放的情感能量，不断拓展纪念仪式活动载体，增强廉洁文化教育的实效性和吸引力，营造充满感染力的廉洁文化教育环境，增强廉洁文化生活化传播的引导力。

深挖特色资源，拓展文艺娱乐活动载体。随着社会的发展和人民生活水平的提升，文艺娱乐活动成为人们日常生活中不可或缺的一部分，不仅给人们带来娱乐和放松，同时也通过艺术、文化等形式传递廉洁知识和信息，具有互动交流、陶冶情操、引导言行等重要作用。文化传播的前提是吸引力，有参与感、体验感、亲切感的廉洁文化传播更能入耳入眼、入脑入心。因此，要积极拓展文艺娱乐活动载体，组织开展群众喜闻乐见、易于接受、覆盖面广的群众文化娱乐活动，如廉洁书画展、廉洁情景剧巡演、反腐倡廉文艺演出等，让廉洁理念从"文件"走向"文化"，从"会场"走向"剧场"，实现可触、可感，增强吸引力、感染力，以达到寓教于乐、润物无声的教育效果。

实际上，我国大部分地区都有着丰富的廉洁文化资源，但很多地方并没有充分挖掘利用。拓展文艺娱乐活动载体，我们不仅要精心梳理和深入挖掘中华优秀传统文化中的廉洁元素，还要从各地区深厚的人文历史中探寻廉洁资源，着力将富含廉洁元素的"源头活水"转化成教育资源，将其有机融入文艺娱乐活动中，打造兼具思想性、艺术性和观赏性的文艺娱乐活动，"不拘于一格、不形于一态、不定于一尊，既要有阳春白雪、也要有下里巴人，既要顶天立地、也要铺天盖地"②，使观众在欣赏舞蹈、歌曲、小品、戏剧等生动表演的同时，在潜移默化中接受廉洁文化教育。例如，云南省大理州白乡剑县纪委监委注重把白族特色文化与新时代廉洁文化融会贯通，用白曲向群众宣

---

① 《列宁全集》第 25 卷，人民出版社 1988 年版，第 117 页。
② 习近平：《在文艺工作座谈会上的讲话》，人民出版社 2015 年版，第 7 页。

讲党风廉政建设和廉洁文化内容，起到很好的宣传效果，深受广大群众喜爱。又如，河南省将党风廉政建设与戏曲进校园、进社区等文艺活动相结合，推出以豫剧《燕振昌》《芝麻官惊梦》《布衣巡抚魏允贞》《子夜惊梦》等为代表的系列新创作品，在全省高校、机关单位、国有企业等巡演，广受好评。

链　接

客家廉洁文化在高校的立体式宣传

客家廉洁文化源远流长、内涵丰富，以其淳朴浓厚的民风民俗享誉国内外。强化客家廉洁文化宣传，一要充分利用客家廉洁教育专区、校园宣传栏、校内广播、黑板报、校报（刊）等校内宣传舆论阵地，大力宣传廉洁知识，如广大同学所熟知的廉吏、清官和廉政故事等的宣传，结合实际、立足现在，从广阔世界的多彩生活中，在反腐倡廉的生动实践中，树立先进典型及推广优秀共产党员先进事迹，发挥先进典型和榜样群体的示范作用，倡导尊廉崇廉的校园风尚，营造廉洁文化校园氛围。二要针对大学生特点，充分发挥互联网的积极作用，建设客家廉洁教育专题网页或网站，组织开展形式多样的网上廉洁教育活动，如开展"客家廉洁飞信相传有奖活动、班级 QQ 群廉洁活动大家知"等。同时网络也是学生自主收集接受信息的重要手段。学校可进一步利用信息网络开展创新工作，结合学生生活实际以及客家廉洁文化特色，建立关于廉洁文化教育的专题网站，组织学生进行学术研讨，举办网上知识竞赛和有奖问答等活动。三要举办形式多样的校园文化活动。根据首届客家廉洁文化艺术节的活动形式，整合各学生社团资源，在全校范围内开展廉政画展、摄影展，收集廉政警句标语示范语，传唱红色廉政歌曲，举办廉政征文比赛、演讲比赛、知识竞赛、廉政文艺节目创作等多种形式的活动。同时，做好全面细致的跟踪调查，建立活动纪要、记录学生廉洁意识和行动培育情况的廉洁档案，各项活动应以学生为主，以学生的参与度为活动取得成效的重要标准。

（资料来源：罗任权主编：《高校廉政文化理论与实践研究》，暨南大学出版社2011年版，第338—339页）

（二）拓展媒介载体，增强廉洁文化生活化传播的影响力

随着媒介形态的变迁，廉洁文化传播的媒介载体日益多样化，既有广播、电视、报纸、杂志等传统媒体，也有数字杂志、数字报纸、移动网络、自媒体等新兴媒体。放眼当下，"全媒体不断发展，出现了全程媒体、全息媒体、全员媒体、全效媒体，信息无处不在、无所不及、无人不用"[1]。"全媒体"时代的到来，要求我们积极拓展媒介载体，推动传统媒体与新兴媒体优势互补、融合发展，增强廉洁文化生活化传播的影响力。

发挥传统媒体的传播优势。以报刊、电视、广播等为代表的传统媒体，在长期的媒介实践中积累了丰富的传播经验，保持着人才、内容、品牌等方面的优势，是传播廉洁文化的重要载体。在网络新兴媒体兴起的背景下，传统媒体应"坚守优良的传统，但并不墨守成规，而是与时代同行，与时俱进，坚持改革创新"[2]。特别是在廉洁文化生活化传播的过程中，传统媒体要立足现有优势，通过精心编排栏目、

---

① 《习近平谈治国理政》第3卷，外文出版社2020年版，第317页。

② 陈东、杨子平：《传统媒体的舆论自信与舆论自觉》，《新闻实践》2013年第8期。

加大内容供给等方式，不断提升自身的传播效能，为广大群众提供精神鼓舞和文化滋养。

一是以文说廉。"一张报纸，上连党心，下接民心。"① 各类报刊特别是党报党刊，是党和人民的"喉舌"，是廉洁文化生活化传播的重要阵地。各类报刊要积极开办廉洁主题专栏，宣传报道党和国家关于反腐倡廉方面的政策方针和工作部署，刊发各地开展廉洁文化建设的优秀经验做法，对反腐实践中的热点问题进行研究探讨，为广大党员干部敲响警钟，为广大读者普及相关廉洁法律知识，为完善廉洁制度和机制建设提供参考。

二是以影倡廉。电视、电影是当代最具影响力的传播媒介和最具群众性的文化载体，"看电视""看电影"成为人们日常生活中普遍的行为方式。各级电视台要及时报道反腐倡廉工作动态的新闻、开设廉洁专题栏目，进行廉洁教育和警示教育，播放蕴含廉洁的电视剧、小品、动漫、公益广告、纪录片等优秀影视作品。此外，要定期播出廉洁文化建设主题电影，通过电影下乡等方式向社会大众常态化宣传廉洁文化。

三是以声传廉。广播通过声音传递信息，具有传播速度快、伴随性强和可移动性等特征，是人们获取信息的便捷渠道，特别是对于视力退化的老年人群体，抑或处在边远山区的民众而言，以声传廉更具优势。因此，各广播电台要积极打造与廉洁主题有关的广播节目，通过播放廉洁故事、戏曲、诗歌等优秀文艺作品，传递崇廉尚洁的"好声音"。

运用全渠道联动传播提升效果。新媒体的到来和发展，并不意味

---

① 习近平：《加快推动媒体融合发展　构建全媒体传播格局》，《求是》2019 年第 6 期。

着原有媒体的没落或消失，而是意味着要重新整合已有媒体，实现对新媒体的接纳延伸。党的二十大报告指出："加强全媒体传播体系建设，塑造主流舆论新格局。"① 这一重要指示，充分体现党中央对推进媒体深度融合发展的高度重视。当前，新旧媒体融合互补是大势所趋。通过全渠道联动传播廉洁文化，能够扩大廉洁文化受众的覆盖面，最大限度提升廉洁文化的宣教效果。因此，我们要在成熟运用传统媒体传播廉洁文化的同时，积极拓展网络媒介载体，推动廉洁文化宣传教育从线下到线上、从"指尖"到"心尖"，创设廉洁网络文化传播的良好氛围，提升新时代廉洁文化传播阵地建设效能。

在互联网技术快速发展的今天，电子报刊、网络电视、网站、微视频等新的传播形式已深度融入公众生活，成为人们获取信息的便捷渠道。顺应新媒体信息传播的发展趋势，通过不断加强 PC 端、客户端、微信、微博、网站等新媒体平台阵地建设，推进优秀廉洁文化作品的数字化、网络化，形成包含图解、微视频、数据库、小程序等全媒体产品矩阵，增设点赞、评论、分享、转发等交互式操作，增强廉洁文化生活化传播的大众参与度和互动性，将廉洁文化更加生动、广泛地传播给大众，全面营造崇廉尚洁、崇德向善的良好网络氛围。例如，云南省大理州运用新媒体技术创作、拍摄廉洁教育短视频，将纸面上的纪法知识转化为党员干部和群众易于接受的新媒体产品，在网站、微信公众号、抖音号等网络平台上展播，积极输出新时代廉洁价值观念。又如，新华网开辟"全国廉政教育基地巡展"专栏，把线下基地"搬"上云端，将首批 50 个全国廉政教育基地以图文并茂的形

① 《高举中国特色社会主义伟大旗帜 为全面建设社会主义现代化国家而团结奋斗——在中国共产党第二十次全国代表大会上的报告》，人民出版社 2022 年版，第 44 页。

式呈现出来，使人们在家轻点鼠标就能如临其境般领略基地的丰富陈列，有效拓宽了廉洁教育的覆盖面，让廉洁文化浸润网络空间。

拓展沉浸式传播增强受众认知。当前，伴随社会的快速发展和人们生活节奏的加快，信息的高度浓缩及高效传播成为一种不可逆转的趋势。为了确保廉洁文化传播的准确性和有效性，各类媒体在进行廉洁文化生活化传播时，既要强调政治性、思想性，也要注重互动性、体验性，在乐于接受和易于理解上下功夫。媒介传播的本质是对人的感官延伸的过程，沉浸式传播能带来强烈的感官刺激，满足人们身体与情感"在场"的需求，是文化与科技融合的重要体现。因此，我们要积极拓展沉浸式传播的媒介载体，凸显廉洁文化的生动性、鲜活性，让观看者在沉浸式体验中更好地了解廉洁作品的内涵和旨趣，增强对廉洁文化的认知。

新时代各类虚拟现实技术、人工智能技术如雨后春笋般出现并得到广泛运用，"实现了人们突破媒介边界、以沉浸式体验的方式进行跨时空模拟在场交流的愿望"[1]，为廉洁文化生活化传播带来了新动能与无限张力。具体而言，我们可以通过开发和推广廉洁 VR 游戏，让人们根据游戏情节进行角色扮演，真正走进并切实感受廉洁文化的内核，形成情感共振；通过制作廉洁 VR 电影、综艺等，以声、光、影完美融合的视听呈现，让人们在故事化情境中感受廉洁文化的独特魅力；通过打造廉洁文化 VR 展览，让廉洁文化"活"起来，提升廉洁主题展览的吸引力和教育效果，使人们获得沉浸式、交互式观展体验，更易接受廉洁文化的洗礼。

总之，利用多媒体投影、立体音效等高科技手段，创设沉浸式廉

---

① 李华君、康敏晴：《故事还原、具身体验与主体回归：中国故事的沉浸式传播》，《新闻春秋》2023 年第 2 期。

洁文化传播环境，将虚拟场景与现实物体相结合，提供实时互动体验，可实现传播内容对人体感官的多角度刺激，带来真实、震撼、逼真的视听触效果，让观众通过"亲身参与，置身其中"的沉浸式体验，真正进入到廉洁文化的世界中，从信息或活动中获得认同感、参与感和美感，增强内心对廉洁文化的崇敬感和使命感，增强廉洁文化生活化传播的影响力。

链　接
▼

大众媒介：文化的载体和传播者（节选）

大众文化与大众媒介，是目前世界性的热门话题。"大众文化"在英语中有两种表述方式，即 popular culture 和 mass culture，由此可见大众文化同时也具有通俗文化及流行文化的内涵。西方有学者认为，大众文化是批量生产并通过大众媒介传播的文化，它的主要特征是通俗性，即以人们喜爱的方式融合于民众的社会生活中。

我国自改革开放以来，经济和社会的巨大发展同时带来了大众文化的发展，而大众媒介一方面作为文化的载体和传播者，在新文化的形成和发展过程中起了重要作用；另一方面，它本身也是文化现象的一个组成部分。我们周围越来越多的书报亭，越来越精彩的广播电视节目，无不昭示着当代中国大众文化的兴起，而大众媒介对于文化建设的意义也正受到越来越广泛的关注。

改革开放 20 多年来，大众媒介的发展速度是空前的。据不完全统计，中国目前有 2000 多个电视频道，2000 多家报纸，9000 多种杂志，2000 多个广播频道以及数以万计的网络媒体，它们在争夺全国大约 13 亿受众的注意力。大众媒介的发展无疑促进文化的繁荣，但进入市场经济的新时期，由于媒介之间竞争加剧，迫使媒体竞相追逐经济效益，从而使一些媒体为了经济效益而置社会效益于不顾，去迎合受众的一些低级趣味，这种现象一再受到有识之士的批评。人们大声疾呼，在市场经济时代，更需要人文精神，更需要为漂泊的心灵打造精神家园。这就要求我们的媒体能够承担起这份职责，为民众提供高质量的内容和服务，为党和政府把好舆论导向这一关，为社会主义的文化建设添砖加瓦。

（资料来源：蔡骐、蔡雯：《媒介竞争与媒介文化》，复旦大学出版社 2007 年版，第 253、255 页）

（三）拓展文化载体，增强廉洁文化生活化传播的辐射力

廉洁文化是中国特色社会主义先进文化的重要组成部分，其宣传和传播需要社会文化、村镇文化、家庭文化等文化载体的支撑。面对文化发展百花齐放、各种思想文化交锋碰撞日益频繁、人民文化诉求不断增强的态势，要运用多种文化载体，增强廉洁文化生活化传播的辐射力。

以社会文化为载体，促进廉洁文化生活化传播。社会文化具有鲜明的公共性，"以化育为功能作用方式，以社会核心价值观为联结纽带，促成个体对社会主流文化的认同、社会核心价值观的凝聚"①。以新时代廉洁文化建设为契机，营造具有化育功能的社会文化，不断拓展廉洁文化的大众属性，真正让廉洁文化活起来、用起来，带动全社会形成正气充盈、向上向善的时代风尚。

一方面，要利用公共场所，营造清廉氛围。通过在城乡主要街道、

---

① 夏锋：《人的文化存在与思想政治教育创新研究》，山东师范大学博士学位论文，2014 年，第 209 页。

车站、公园、广场、商超、地铁等社会公共场所设立廉洁文化宣传牌、投放廉洁公益广告、张贴廉洁海报、悬挂廉洁标语等举措，推进廉洁文化立体式户外宣传，将廉洁文化转化为党员干部和群众看得见、摸得着的日常元素，营造抬头可见、驻足可观的清廉建设宣传氛围，不断增强廉洁文化成风化人的效果。此外，社会各机关企事业单位还可以根据实际情况，建设本单位内部的廉洁文化宣传阵地，如悬挂廉洁箴言、字画、牌匾、名人图像，设置以反腐倡廉为主要内容的宣传板、张贴条幅标语、利用电子显示屏播放宣传内容等，着力优化人文空间，使廉洁意识深入人们的灵魂深处。

另一方面，要借助文化产品，传播廉洁理念。廉洁文创产品突出"廉洁"特性，用灵活多样的物质载体呈现内涵丰富的廉洁文化，具有潜移默化的教育功能和贴近生活的实用价值，是引导和教育民众的有益艺术形式。因此，要秉持思想性、艺术性并重的基本原则，积极开发各类廉洁文化创意产品，扩大优质廉洁文化产品和服务供给。通过文学艺术创作、舞台艺术生产、影视剧制作以及图书报刊、音像电子与网络出版，弘扬真善美，贬斥假恶丑，更加自觉地把廉洁理念融入文艺作品的各个方面。同时，通过设计制作书签、笔筒、挂件、台历、帆布包、折扇、鼠标垫等廉洁文创产品，让廉洁文化"飞入寻常百姓家"，做到"老百姓在哪里，廉洁文化就传播到哪里"，增强廉洁教育的感染力和实效性。

以家庭文化为载体，促进廉洁文化生活化传播。家庭文化是建立在家庭物质生活基础上的家庭精神生活和伦理生活的文化体现，发挥着文化启蒙和生活教养的重要功能。习近平总书记指出："无论时代如何变化，无论经济社会如何发展，对一个社会来说，家庭的生活依托都不可替代，家庭的社会功能都不可替代，家庭的文明作用都不可替代。"① 廉洁文化融入家庭文化，以好家风为养料厚植"清廉沃土"，是促进廉洁文化生活化传播的重要渠道。

一方面，家长要用廉洁教育启润童心，营造清廉家庭文化氛围。首先，言传身教，是最好的家庭教育。家长是孩子的第一任老师，其言谈举止对孩子具有深远的影响。在日常生活中，家长要严格遵守法律法规、社会公德和职业道德，坚决不谋取私利、贪污受贿，养成勤俭节约、不铺张浪费的良好习惯，以自身高尚的道德修养和行为举止为孩子树立廉洁榜样，将廉洁自律的美好品质潜移默化地传递给孩子。其次，家长可以精心选择一些适合孩子年龄阶段的廉洁教育故事绘本、动画片或电视节目，与孩子一起观看、学习和讨论，引导孩子思考廉洁与贪腐的利弊得失，激发孩子对敬廉崇俭品质的向往和追求，帮助孩子树立正确的世界观、人生观、价值观。此外，家长还可以通过建立廉洁家规家训的方式，促使孩子将廉洁文化内化于心，外化于行。

另一方面，家长要不断提升自身廉洁修养，提升家庭廉洁教育水平。首先，家长要积极学习廉洁文化的相关理论知识，通过阅读权威书籍、参与专业讲座或在线课程等，深入地理解廉洁自律的内涵和要求，不断提升自身的廉洁意识，进而在家庭教育中发挥更积极的引导作用。其次，家长应带头参与社会公益活动或志愿服务活动，以实际行动践行廉洁自律的要求，方能更加坚定地将廉洁理念贯彻家庭教育的始终。最后，家长应时刻保持警觉，关注家庭成员的言行举止，一旦发现不廉洁的苗头，及时予以提醒和纠正，防止问题扩大化。

以村镇文化为载体，促进廉洁文化生活化传播。村镇文化深深植根于广大农村和乡镇地区，包括了人们的生产生活方式、价值观念、

---

① 《习近平关于注重家庭家教家风建设论述摘编》，中央文献出版社 2021 年版，第 3 页。

伦理道德、行为规范等多个方面，具有广泛的群众基础和深厚的文化底蕴。廉洁文化与村镇文化有机融合，打通廉洁文化生活化传播向基层延伸的"最后一公里"，在广袤的中国大地上不断彰显清廉之美、放大清廉之效、形成清廉之治。

首先，挖掘村镇文化中的廉洁元素，是廉洁文化生活化传播的首要任务。为此，我们亟须深入挖掘村镇文化的丰富宝藏，从中提炼闪耀廉洁光芒的元素。这些元素可能是家风家训中所蕴含的中华传统美德，如严于律己、戒骄戒躁、艰苦朴素、勤俭节约等；也可能是民间口口相传的廉言警句、廉洁典故、清音廉调；又或是乡规民约中具有道德行为约束作用的廉洁规范。通过对这些元素的创造性转化和创新性发展，形成具有地方特色的廉洁文化内容，使廉洁理念更加贴近群众，更易于被接受和传承。

其次，举办村镇廉洁文化活动，是廉洁文化生活化传播的有效途径。我们可以充分利用村镇的传统节日、庙会等文化活动平台，举办一系列以廉洁文化为主题的活动，如廉洁文化讲座、廉洁事迹展览、廉洁主题演出等，营造浓厚的廉洁文化氛围。此外，还可以邀请当地的廉洁模范、专家学者等担任主讲嘉宾，通过他们的讲述和演示，加深群众对廉洁文化的认识和理解，激发群众参与廉洁文化建设的热情，形成人人关注廉洁、人人参与廉洁的良好氛围。

最后，打造村镇廉洁文化阵地，是廉洁文化生活化传播的重要依托。通过将一些通俗易懂的廉洁漫画、孝德故事、家风家训、格言警句绘就在村镇文化墙上，打造具有浓郁"廉味"的村镇广场、文化长廊、主题公园，开展乡村廉洁影院、展览馆、书屋等一系列廉洁文化阵地建设，让廉洁自律的规矩、清风正气的理念浸润民众生活的每个角落，增强人们对廉洁文化的认同感，让清廉的种子潜移默化地在人们心中生根发芽。

链　接

▼

让廉洁之风吹遍家庭的每个角落（节选）

家庭是个人生活的起点，更是人格形成的源头。作为社会个体的避风港和温馨的港湾，它存在的意义和价值在于正向指引家庭成员，不让不正之风变成滋生贪腐的温床。在亲情面前，廉洁原则不能丢、不能忘，守住廉洁底线，才能树立良好家风。反之，家庭就会成为腐败的重灾区。

家庭成员之间的人生观、价值观总是潜移默化地彼此影响着，一个家风不正、没有廉洁之风的干部家庭，如同一枚随时会引爆的"定时炸弹"。但这枚"炸弹"并不是他人点燃的，而是内部"自爆"的。

党员干部要常念"廉洁经"，在家里常吹"廉洁风"，借助"党风"影响"家风"。在反腐倡廉中，每个人都是参与者和执行者。一个幸福美满的家庭需要所有成员主动防腐拒变、崇廉拒贪，这样才能建立真正的防腐阵地。

"一室之不治，何以天下家国为？"家庭成员之间要相互监督、相互勉励、相互影响。父母的所行所为会给子女提供模板，子女也会以自身举动来"反哺"父母的教育。有学者认为："从个人信仰角度看，家庭的影响要比任何群体的影响大得多。"因而，一个从廉洁之家走出来的人，必然是奉公守法、安分守己的人，不会被"糖衣炮弹"击垮；而缺少了廉洁之风吹拂的家庭，其成员可能变得好逸恶劳，渴望从他人那里得到好处和甜头，这便为贪腐打开了方便之门。

"铭记家风家训，树立良好家风。"党员干部要当好排头兵，对自己和家属都要高标准、严要求，以此激浊扬清，营造清廉的家庭环境。

（资料来源：向专、白雪编著：《新时代家庭助廉：弘扬清廉家风筑牢廉洁防线》，人民日报出版社 2023 年版，第 4—5 页）

三、创新廉洁文化生活化传播话语

习近平总书记指出："要加强传播手段和话语方式创新，让党的创新理论'飞入寻常百姓家'。"① 新时代要提升廉洁文化生活化传播效能，必须推进话语内容创新、话语表达创新、话语载体创新，达到人民群众"看得懂、喜欢看、记得住、传得开"的传播效果，让廉洁文化走进日常生活。

（一）话语内容创新

话语体系建设的根本途径是理论内容的创新，只有不断创新理论内容，才能为廉洁文化生活化传播提供有力的思想支撑和文化保障。

把握好"原则"和"实践"的关系，实现廉洁文化生活化话语内容向实发展。马克思指出："理论只要说服人，就能掌握群众；而理论只要彻底，就能说服人。"② 成功的社会主义廉洁文化话语创新应实现对廉洁文化本真含义的有效传达，把握"人民性"和"实践性"的内在统一性，让人民群众感受到廉洁文化所表达的正是他们自己的现实利益和心声，进而获得人民的理解和认同，推动廉洁文化生活化话语内容见实见效。

一方面，要遵循"人民性"原则，使建构的话语内容始终应民

① 习近平：《论党的宣传思想工作》，中央文献出版社 2020 年版，第 340 页。
② 《马克思恩格斯文集》第 1 卷，人民出版社 2009 年版，第 11 页。

情、顺民意、聚民心，回答好"为什么人"的根本问题。党的二十大报告指出："江山就是人民，人民就是江山，中国共产党领导人民打江山、守江山，守的是人民的心。"① 作为坚持党的性质和宗旨的重要体现，新时代加强廉洁文化建设本质上是"守心"的文化工程。因此，新时代廉洁文化话语内容创新必须坚持"人民至上"的立场观点方法，坚定维护人民群众的现实利益，使其具有凝聚民心的话语力量。例如，习近平总书记使用"人民群众反对什么、痛恨什么，我们就要坚决防范和纠正什么"②"不得罪成百上千的腐败分子，就要得罪十三亿人民"③"让正风反腐给老百姓带来更多获得感"④ 等具有深厚人民情怀的话语，彰显中国共产党为了人民反腐的坚决态度，切实增强人民群众对廉洁文化的认同和推崇。

另一方面，要聚焦实践中不断涌现的新情况和新问题，自觉提炼和贡献"新话语"，满足社会实践发展的现实需要。党的十八大以来，中国共产党坚持以问题导向纵深推进廉洁文化建设，在实践中创造了诸多反映时代特色的话语。"打铁还需自身硬"⑤"坚定不移'打虎'、

---

① 习近平：《高举中国特色社会主义伟大旗帜　为全面建设社会主义现代化国家而团结奋斗——在中国共产党第二十次全国代表大会上的报告》，人民出版社 2022 年版，第 46 页。

② 《习近平关于全面从严治党论述摘编（2021 年版）》，中央文献出版社 2021 年版，第 26 页。

③ 《习近平关于全面从严治党论述摘编》，中央文献出版社 2016 年版，第 186 页。

④ 习近平：《在第十八届中央纪律检查委员会第六次全体会议上的讲话》，人民出版社 2016 年版，第 5 页。

⑤ 《习近平关于全面依法治国论述摘编》，中央文献出版社 2015 年版，第 15 页。

'拍蝇'、'猎狐'"①"坚持不敢腐、不能腐、不想腐一体推进"②等具有中国特色的话语内容,将廉洁文化的价值理念熔铸在日常生活话语、政策宣传话语当中,得到人民群众的热议和认可,起到了显著的话语引领作用。总之,我们必须在伟大的社会实践中不断挖掘、吸收和创造最能表达人民诉求和体现时代要求的话语元素,注重话语内容的现实指向性与问题回应性,推动廉洁文化生活化传播话语向实发展。

链　接
▼

针对消极腐败现象的时代警言（节选）

习近平总书记多次强调党风廉政建设和反腐败斗争形势依然严峻复杂,绝非虚构和主观臆断,而是立足党风廉政建设和反腐斗争现实,不卖关子,不绕圈子,直截了当,针砭时弊,体现出强烈的问题意识,具有很强的针对性和警示性。

作风问题相当严重,非抓不可。2014年6月30日,习近平总书记在中央政治局第十六次集体学习时指出:"一个时期以来,作风问题在党内确实相当严重,已经到了非抓不可的时候,不抓不行了。"③他要求集中火力反对形式主义、官僚主义、享乐主义和奢靡之风这"四风"。他详细给"四风"画像,直观生动,一针见血,入木三分。如他就享乐主义指出,有的意志消沉、信念动摇,奉行及时行乐的人生

---

① 《中共中央关于党的百年奋斗重大成就和历史经验的决议》,人民出版社2021年版,第33页。

② 《中共中央关于党的百年奋斗重大成就和历史经验的决议》,人民出版社2021年版,第33页。

③ 《习近平关于党风廉政建设和反腐败斗争论述摘编》,中国方正出版社、中央文献出版社2015年版,第21页。

哲学，"今朝有酒今朝醉"，"人生得意须尽欢"。

纠正"四风"面临反弹压力，常抓不懈才能防止卷土重来。党的群众路线教育实践活动对"四风"迎头痛击，成效明显，但习近平总书记坦言"冰冻三尺非一日之寒"，多次强调作风建设永远在路上。2014 年 10 月 8 日，他在党的群众路线教育实践活动总结大会上指出，经过这次活动，全党改进作风有了一个良好开端，但取得的成果还是初步的，基础还不稳固。作风有所好转，"四风"问题有所收敛，但树倒根存，有些是在高压态势下取得的，仅仅停留在"不敢"上，"不想"的自觉尚未完全形成。[①]

腐败案例惊人，反腐形势严峻。2014 年 10 月 23 日，习近平总书记在党的十八届四中全会第二次全体会议上指出："党的十八大以后，我们面临的反腐败斗争形势复杂严峻，一些领域腐败现象易发多发，一些腐败分子一意孤行，仍然没有收手，甚至变本加厉。从已经查处的案件和掌握的问题线索来看，一些腐败分子贪腐胃口之大、数额之巨、时间之长、情节之恶劣，令人触目惊心！有的地方甚至出现了'塌方式腐败'！"[②] 从两个惊叹号与"令人触目惊心"等用语，可以感受到他的震惊乃至愤怒。

中央纪委研究室有关领导 2015 年 1 月 16 日在做客中央纪委监察部网站访谈时说："腐败和反腐败呈胶着状态"，这是对"党风廉政建设和反腐败斗争形势依然严峻复杂"的真实和形象描述。可以说，"党风廉政建设和反腐败斗争形势依然严峻复杂"这个判断，实事求

---

① 习近平：《在党的群众路线教育实践活动总结大会上的讲话》，人民出版社2014 年版，第 11 页。

② 《习近平关于党风廉政建设和反腐败斗争论述摘编》，中国方正出版社、中央文献出版社 2015 年版，第 25 页。

是，言简意赅，发人深思，让人警醒。

（资料来源：邓联繁：《当代中国廉洁建设：战略、脉络与范畴》，人民出版社 2016 年版，第6—8页）

把握好"传承"和"创新"的关系，实现廉洁文化生活化话语内容向新发展。习近平总书记鲜明指出："对文化建设来说，守正才能不迷失自我、不迷失方向，创新才能把握时代、引领时代。"[①] 在推进廉洁文化生活化话语体系构建过程中，应坚持在传承中创新，在创新中传承，不断更新和丰富新时代廉洁文化生活化话语内容，更好地实现廉洁文化生活化传播的目的。

一方面，廉洁文化生活化话语内容的发展离不开传承。正如马克思所言："人们自己创造自己的历史，但是他们并不是随心所欲地创造，并不是在他们自己选定的条件下创造，而是在直接碰到的、既定的、从过去承继下来的条件下创造。"[②] 从这个意义上说，建构具有中国特色的廉洁文化生活化话语体系，必须从传统话语基础出发，汲取中华优秀传统文化、革命文化和社会主义先进文化的廉洁话语养分，凸显话语内容的历史传统和文化基因。习近平总书记强调："没有中华优秀传统文化、革命文化、社会主义先进文化的底蕴和滋养，信仰信念就难以深沉而执着。"[③] 中华优秀传统文化、革命文化、社会主义先进文化是中华民族思想观念、生活方式、风俗习惯、情感样式的集中表达，蕴含丰富的个体道德修辞及廉洁奉公的话语叙事，为新时代

---

① 习近平：《在文化传承发展座谈会上的讲话》，人民出版社 2023 年版，第 11 页。

② 《马克思恩格斯全集》第 11 卷，人民出版社 1995 年版，第 131—132 页。

③ 《习近平关于社会主义文化建设论述摘编》，中央文献出版社 2017 年版，第 17—18 页。

廉洁文化生活化话语内容创新奠定了深厚的文化底蕴。因此，我们要深入挖掘和传承具有民族特色和文化元素的话语内容，使其在新的时空背景下熠熠生辉，能够唤起民族记忆、强化民族认同，增强话语受众对廉洁文化的理解和支持。

另一方面，廉洁文化生活化话语内容发展离不开创新。创新是继承的生命、方向，更能彰显继承的价值。廉洁文化生活化话语内容发展不仅要承接过往，更要根据客观实际的变化不断创新话语内容，奏响新时代廉洁文化建设强音。具体而言，一是要因时而进，深度挖掘中华优秀传统廉洁文化话语资源，坚持创造性转换、创新性发展，赋予其新时代内涵和现代表达形式，有效激活其生命力；二是要因势而新，积极凝练和概括廉洁文化的价值观内容，力求创造更多朗朗上口、简洁易懂的新概念、新范畴与新表述，为廉洁文化生活化传播话语内容不断注入新的血液。党的十八大以来，习近平总书记在讲话中反复强调"坚持'老虎''苍蝇'一起打"[1] "打铁必须自身硬"[2] "全面从严治党永远在路上"[3] "驰而不息纠'四风'"[4] "扣好廉洁从政的'第一粒扣子'"[5] "运用好监督执纪'四种形态'"[6] 等新时代廉洁

---

[1]　《十八大以来重要文献选编》中，中央文献出版社2016年版，第251—252页。

[2]　《习近平关于"不忘初心、牢记使命"论述摘编》，党建读物出版社、中央文献出版社2019年版，第174页。

[3]　《习近平关于全面从严治党论述摘编（2021年版）》，中央文献出版社2021年版，第29页。

[4]　《全面推进国防和军队现代化》，党建读物出版社、人民出版社2019年版，第86页。

[5]　《习近平谈治国理政》第4卷，外文出版社2022年版，第552页。

[6]　《习近平关于全面从严治党论述摘编（2021年版）》，中央文献出版社2021年版，第418页。

话语，推动了廉洁文化传播话语的新发展。

把握好"借鉴"和"扬弃"的关系，实现廉洁文化生活化话语向优发展。毛泽东曾强调："我们决不可拒绝继承和借鉴古人和外国人，哪怕是封建阶级和资产阶级的东西。但是继承和借鉴决不可以变成替代自己的创造，这是决不能替代的。"① 廉洁文化生活化话语内容创新，必须借鉴和吸收合理、优质的话语内容，将其改造成为自身价值话语的一部分。但是，我们不能盲目全盘接受西方话语，既要交流借鉴，也要批判扬弃，方能建构更高层次的话语体系。

一方面，借鉴国外优秀廉洁文化话语，为我所用。当腐败问题日益成为世界性发展难题时，发达国家为了自身的长治久安，不仅从体制改革、法律、社会制度等方面加大惩治和预防的力度，而且也在运用廉洁文化的影响力、渗透力来推进反腐倡廉建设，形成了为社会广泛认可和遵循的廉政文化话语体系，许多经验值得我们学习借鉴。例如，日本、新加坡等亚洲国家深受儒家文化影响，在全国范围内大力发扬儒家学说"忠孝仁爱礼义廉耻"等话语元素，把"自律自勉""饮水思源"等清廉价值观话语内容作为青少年品德教育的学习重点。又如，北欧国家一直被列为"最清廉的国家"。在全球化的背景下，我们要站在新的历史高度，充分挖掘并积极借鉴外国有益的话语资源和先进理念，在交流互鉴中优化话语内容，拓展廉洁文化生活化话语视野的世界性。

另一方面，扬弃国外廉洁文化话语内容，以我为主。西方国家在推进廉政建设的历史进程中并非一帆风顺，也有许多失败案例。比如，近年来，美国《反海外腐败法》越来越被霸权滥用；又如，意大利著名右翼民粹主义政党也因卷入腐败丑闻而遭受沉重打击。鉴于此，廉

---

① 《毛泽东选集》第 3 卷，人民出版社 1991 年版，第 860 页。

洁文化生活化话语既不能盲目否定外来话语元素，也不能一味肯定外来话语资源，必须对外来话语进行"扬弃"，使其精髓不断融入自己的话语体系中。值得注意的是，在辩证吸收外来话语资源的过程中，我们一定要避开诸如"多党制是解决腐败问题的根本""西方民主是廉洁文化的营养剂""合法的腐朽都不算腐败"等话语陷阱，根植现实世界，立足中国国情，实现廉洁文化生活化话语向优发展。

（二）话语表达创新

当前，我国正处于百年未有之大变局，虽然我国廉洁文化在传播手段、传播途径、传播方式等方面都取得了跨越式发展和历史性成效，但仍面临着大变革、大调整等多重话语困境。现实要求和时代需求正悄然发生变化，我们在廉洁文化生活化传播话语体系的建构和话语方式的创新上还存在明显不足，如"声音较小""有理难言""传播受限"以及"传播效果不佳"等问题。为此，我们需要利用生动鲜活的时代话语、通俗易懂的群众话语、言之有据的学术话语来创新廉洁文化生活化话语表达。

采用生动鲜活的时代话语。"只有立足于时代去解决特定的时代问题，才能推动这个时代的社会进步。"[①] 新时代新征程，身处中华民族伟大复兴战略全局和世界百年未有之大变局之中，我们要立足时代之基，回应时代之需，采用生动鲜活的时代话语表达，以推动廉洁文化生活化传播。

一方面，采用现实性的时代话语。结合热点事件，将廉洁文化的理论与现实生活中的热点事件相结合，让受众更直观感受到廉洁文化的现实意义，从而增强其对廉洁文化的认同感和接受度。同时，进一

① 习近平：《之江新语》，浙江人民出版社2007年版，第235页。

步强调廉洁文化的重要性，唯有坚守廉洁底线，方可赢得公众的尊重和信任。例如，当某个公众人物因贪污腐败被曝光时，可以迅速关注并深入分析这一事件，这种腐败行为不仅违背了社会公德和职业道德，更严重损害了公众的利益和信任。

另一方面，采用网络化的时代话语。在传播廉洁文化的过程中，我们不仅要保持其专业性和准确性，还要注重与年轻一代的沟通方式。适当运用一些网络流行语或热词，使廉洁文化的理论表达更生动、有趣，从而更容易被年轻一代接受。比如，我们可以借用"硬核"这个网络流行语来形容廉洁文化的核心价值。廉洁文化就是"硬核"的价值观，它代表着坚定不移的正义立场，不容任何腐败侵蚀。这种表达方式既符合年轻人的语言习惯，又能够凸显廉洁文化的核心意义。当然，在使用网络流行语时，要确保信息的准确性和专业性。不能为了追求流行而牺牲信息的真实性，更不能将廉洁文化简化为肤浅的流行语或标签。因此，在保持专业性和准确性的基础上，用生动、接地气的语言将廉洁文化的理念和价值观传递给年轻一代，让他们真正理解和认同廉洁文化。

善用通俗易懂的群众话语。毛泽东指出："我们是革命党，是为群众办事的，如果也不学群众的语言，那就办不好。"[1] 群众语言是群众社会生活和生产实践的文化土壤，会生长出鲜活且富有生命力的思想。创新廉洁话语表达，用"家常话"，做"百姓事"，让廉洁文化走进千家万户。

讲好贴近群众的"民话"。"民话"是指群众的语言，是人民群众愿意听、记得住的语言。中国共产党是全心全意为人民服务的政党，党除了人民群众的利益没有自己的特殊利益。这就要求党员干部做到

---

① 《毛泽东选集》第 3 卷，人民出版社 1991 年版，第 837 页。

"接地气""面对面""心贴心"，心系群众冷暖，主动深入群众察民情、解民忧，回应人民群众的急难愁盼问题，以"看群众欢迎不欢迎，赞成不赞成，满意不满意"作为是否讲好"民语"的评判标准。领导干部态度要诚，放下架子、扑下身子，倾听人民对廉洁的心声。切忌用报告式和命令式的语言与民众沟通，切忌满口官话空话套话、言不由衷甚至生冷言语与民众交流。为此，领导干部要提升与人民群众的自然亲密感，把讲好"民语"作为传播廉洁文化的必修课，下苦功夫学习。

讲好融入群众的"土话"。"土话"是指符合当地实际、群众家喻户晓的"地方话"，亦称作"方言"。语言，是人与人沟通的工具。领导干部首先要过语言关，学会"沾泥巴"的"土话"，才能打开群众的"话匣子"，了解群众的"心窝子"，搭建群众的"桥梁子"。如今社会老龄化越发严重，中老年人占比越来越高，这部分群众中往往存在说不好普通话、不想说普通话的现象。针对这种现象，领导干部要做到入乡随俗，"到什么山头唱什么歌"，把语言模式调整到跟群众在同一频道。通过增加语言的"乡土味"，拉近与人民群众的距离，获得人民群众的信任。以此为基础进行廉洁文化宣传，助力群众理解"反腐倡廉"的科学性和合理性，更好地配合廉政工作的开展。

讲好凝聚群众的"白话"。"白话"是指人民群众能听得懂、能领会的"大白话"，具有深入浅出、通俗易懂、沁人心脾的特点。党员干部同人民群众交流时，会说大白话、讲好大白话是基本功，不仅要让群众听清楚，而且要让群众听明白、听透彻。如果只是照本宣科照着文件讲政策，就容易出现群众听不懂、听不明白的情况，这就要求党员干部将党的方针政策烂熟于心，结合群众关心、关切、关注的问题，摘下"官帽"，戴上"草帽"，说话时少一些"官僚气、衙门气"，多一些"烟花气、泥土气"。运用"打虎拍蝇猎狐""门神摆正、小鬼莫进"等人民喜闻乐见的白话，讲活大道理、讲透大理论。采用廉洁文化鲜活案例激发群众的情感共鸣，使党的廉洁理论变成群众的自觉行动，以此助力廉洁文化传播。

链 接

▼

对普通民众的廉政文化传播

对普通平民百姓的廉政文化传播，应主要根据平民百姓不掌握公权力，一方面可能认为自己不可能贪污腐败，以致认为廉政文化传播与自己无关，对廉政文化传播漠不关心的心理特征；另一方面又有痛恨腐败分子，反对腐败，希望铲除腐败的心理诉求，确立以唤起社会大众对廉政建设的关心，积极起来与腐败行为和腐败分子作斗争为主要传播目的。传播内容应主要包括两方面：一是有关腐败的危害性，重点传播腐败行为和腐败分子对国家、对社会、对人民利益的侵害，以激发社会大众对腐败行为和腐败分子的愤恨，调动社会大众抵制和反对腐败的积极性；二是有关抵制和反对腐败的重要性和方式方法，重点传播腐败侵害每个人的利益，不关心廉政建设、忍气吞声容忍腐败，就是损害自己的利益，以及与腐败作斗争人人有责的思想观点，以发动社会大众积极关心廉政建设，坚决与腐败作斗争，敢于抵制腐败行为，勇于检举和揭发腐败分子。

传播方式可以包括口头宣讲、宣传画、标语、影视、图片展览等多种方式。马克思曾指出："把人和社会连接起来的唯一纽带是天然必然性，是需要和私人利益。"① 只要紧扣腐败是对广大人民群众利益的侵害以及人们对铲除腐败的需要、对廉政建设的需要来组织内容，

---

① 《马克思恩格斯全集》第 1 卷，人民出版社 1956 年版，第 439 页。

开展有针对性的传播，就能引起广大人民群众的兴趣和重视，就能取得好的传播效果。

俗话说，"对不同的人说不同的话"。随着社会的发展，我国的社会构成日益多样化，不同社会群体的特点和需求也不一样，廉政文化传播只有把握不同的受众群体的特点和需求，并开展有针对性的传播才能取得好的传播效果。

（资料来源：王勇等：《廉政文化传播概论》，中国政法大学出版社 2015 年版，第 41—42 页）

运用言之有据的学术话语。自党的十八大以来，以习近平同志为核心的党中央提出了许多创新性的话语，用以阐释廉洁制度和传达廉洁理念，为廉洁理论的深入理解提供了丰富的话语资源。要推动构建廉洁文化生动传播的学术话语，需要每位文化工作者和哲学社会科学工作者不断提升自身的学术阐释能力，通过总结和抽象出具有普遍意义的廉洁理论，深化对廉洁理论的阐释，以提高廉洁理论的内在思想深度，为创新廉洁文化生活化传播话语提供学术支撑。

以学理化阐释廉洁文化生活化的内在思想性。习近平总书记指出："我们的哲学社会科学有没有中国特色，归根到底要看有没有主体性、原创性。"[1] 因此，廉洁文化的内在思想性需要用有理有据的学术话语讲好廉洁理论，结合马克思主义中国化时代化理论成果和中华优秀传统文化，构建面向中国问题的学术话语表达系统，不断推进话语内容和表达方式的创新。当前，在时代变迁和"两个大局"的背景下，进行主体性和原创性的廉洁文化知识生产，打造言之有据的廉洁文化新

---

[1]　习近平：《在哲学社会科学工作座谈会上的讲话》，人民出版社 2016 年版，第 19 页。

概念、新范畴、新表述，促进理论创新。

以体系化提高廉洁文化生活化的现实解释力。"成熟的理论体系是学术话语的内在支撑，是话语体系的必备构件。"[1] 成熟的廉洁文化理论应该是对中国实践经验和发展成果作出的深入解释和总结，具有完整的逻辑体系和强大的阐释力。构建廉洁文化生活化阐释体系，应该包含中国特色社会主义各个领域的理论成果，包含对治国理政新理念、新思想、新战略的研究阐释，也应该包含高频且高度共识的概念范畴体系。应立足当代中国社会实践，结合中国传统廉洁理论资源，通过梳理中国共产党团结带领中国人民走出中国式现代化新道路的理论脉络，深入解答中国特色社会主义伟大实践中的廉洁理论问题和实践问题，从中汲取廉洁智慧，促进廉洁文化的建设和发展，建立高度共识的概念框架，增强对现实廉洁问题的解释力和说服力。

（三）话语载体创新

话语载体是话语主体和客体实现主体间对话的重要介质，是话语创新的关键环节。针对目前廉洁文化话语吸引力、感召力、影响力不强的实际，必须充分拓展廉洁文化生活化的话语载体，重视智媒时代的移动互联网技术和现代化传播手段，打造以移动话语平台为重点的话语阵地建设，真正打通廉洁文化话语与群众之间的"最后一公里"。

建设廉洁文化传播平台，弘扬崇廉尚洁社会氛围。在全国宣传思想工作会议上，习近平总书记指出："我们正在进行具有许多新的历史特点的伟大斗争，面临的挑战和困难前所未有，必须坚持巩固壮大主流思想舆论，弘扬主旋律，传播正能量，激发全社会团结奋进的强

---

① 陈曙光、陈雪雪：《话语哲学引论》，《中共中央党校（国家行政学院）学报》2019 年第 23 期。

大力量。"① 廉洁文化建设是现阶段党领导中国人民进行的一项重要工作，需要调动各界人士的主观能动性，做好廉洁文化宣传工作，借此为反腐倡廉建设工作提供良好的舆论氛围、稳固的思想保证和充足的精神动力。

注重各部门之间的协调配合，同时凝聚宣传工作的力量。各级党委组织作为责任主体，应积极传播廉洁价值观念，努力营造正直、清廉的社会环境。各级党政机关，包括组织、宣传、纪检、公安、新闻、工会、共青团、妇联等相关部门，需加强相互之间的沟通与协调。通过统筹规划，从政策的阐释、资金的分配、人力资源的配置以及宣传阵地的建设等多个方面进行综合施策，充分发挥不同部门在廉洁文化宣传中独有的职能优势，实现优势互补，共同推进廉洁文化建设的深入发展。同时，各部门要将廉洁文化宣传工作置于工作的高位，做到认识到位、措施到位、执行到位。实施廉洁文化宣传责任制度，清晰界定各部门及其岗位的具体责任，将原本抽象的宣传任务转化为具体的执行标准。此外，在宣廉倡廉过程中引入问责机制，确保各项措施得到有效执行，凝聚各部门合力，构建宣廉一体化格局。

注重传统宣传媒介，也要重视新兴媒体的引导。近年来，随着网络科技的迅猛发展，我国在廉洁文化的传播方式和舆论导向上经历了显著的变革。党的十八大以来，习近平总书记强调，"推动媒体融合发展，要统筹处理好传统媒体和新兴媒体、中央媒体和地方媒体、主流媒体和商业平台、大众化媒体和专业性媒体的关系"②。在推动廉洁文化走进日常生活的进程中，我们应当综合运用传统媒体和

---

① 《习近平关于社会主义文化建设论述摘编》，中央文献出版社 2017 年版，第27 页。

② 习近平：《论党的宣传思想工作》，中央文献出版社 2020 年版，第 355 页。

新兴媒体两种传播渠道。一方面，要充分利用传统媒体在推广廉洁文化中的稳定性和权威性；另一方面，也要积极利用新媒体的互动性和广泛性，以提高廉洁文化的影响力和传播效率。统筹各类媒体资源，不断强化QQ、微信、微博、抖音、快手等新媒体阵地建设，形成全链条、多声部的新媒体传播新格局，以增强廉洁文化生活化传播的渗透力。

链　接
▼

利用企业宣传阵地传播廉洁文化

一要搭建企业宣传教育平台。通过企业内部宣传刊物，大力宣传有关党风建设和反腐倡廉工作的重大决策、意见和措施；通过纪检监察专题信息，登载企业内部廉洁动态、廉洁理论文章、小小说、故事或警句格言等，及时反映企业员工的廉洁思想动态；通过厂区、车间和班组设立的廉洁文化宣传橱窗、学习园地和专栏，宣传社会主义荣辱观、廉洁从业制度规定、身边的先进典型，充分展示和交流员工参加反腐倡廉主题教育和廉洁文化实践活动的作品、收获体会。

二要整合企业宣传教育资源。整合企业报纸、闭路电视系统、局部网络、广播站等资源，对其协调统筹、资源共享，可以在时间上相互配合，在内容上相互补缺，媒体之间相互联动、支持。要不断对企业内部的各类宣传橱窗、板报、标语、学习专栏等各种载体资源进行整合；让宣传阵地尽可能处于员工活动最为密切的地方，贴近实际、贴近生活、贴近员工，并充分发挥党政工团各级组织的作用，在企业内部形成一个上下联动、全方位、立体层面的宣传合力。

三要加大对宣传阵地的投入。建立各类宣传阵地，开展各种文化体育活动，举办各种廉洁文化讲座和报告会，进行廉洁文化作品创作、展览、演出等活动，投入大量的人力、物力。要结合企业实际，既要本着节约的原则，因地制宜、统筹规划、合理配置资源，又要充分保证人、财、物等方面的投入，以创建更多更好的贴近员工、形式多样的廉洁文化宣传阵地。

（资料来源：北京市国资委党委编：《廉洁文化在企业》，中国方正出版社 2007 年版，第 126—128 页）

创作优秀的廉洁文艺作品，塑造鲜活的廉洁艺术形象。文艺是时代前进的号角，最能代表一个时代的风貌，最能引领一个时代的风气。[1] 新时代，要想高举廉洁精神之旗、树立廉洁精神支柱、建设廉洁精神家园，离不开文艺工作。习近平总书记在中国文联十大、中国作协九大开幕式上的讲话中提出，对人民深恶痛绝的消极腐败现象和丑恶现象，应该坚持用光明驱散黑暗、用真善美战胜假恶丑，让人们看到美好、看到希望、看到梦想就在前方。[2] 因此，文艺工作者要承担起启迪思想、陶冶情操、温润心灵、引领风尚的职责，以磅礴的家国情怀打造出一批有影响力的廉洁文艺精品大作，以"美善吾人之性情，崇大吾人之思理"，在润物无声中让党员干部和人民群众筑牢政治信仰之基、砥砺理想信念之魂、坚守人民立场之本、弘扬清正廉洁之风。

廉政文艺作品要兼顾社会效益与经济效益。一部好的作品，应该是经得起人民评价、专家评价、市场检验的作品，应该是把社会效益

---

[1] 《十八大以来重要文献选编》（中），中央文献出版社 2016 年版，第 121 页。
[2] 《在中国文联十大、中国作协九大开幕式上的讲话》，《人民日报》2016 年 12 月 1 日。

放在首位，同时也应该是社会效益和经济效益相统一的作品。① 在创作廉洁文艺作品时，我们不仅要关注作品的市场表现，如播放完成率、点击量、票房等指标，更要重视作品在传递价值、启迪思想和丰富文化生活等方面的深远影响。因此，在创作廉洁文化建设和反腐败斗争作品时，一方面，廉洁文艺工作者在社会主义市场经济的浪潮中，应保持清晰的方向感，不随波逐流，掌好文艺作品的"舵"，不能只追求经济利益而不考虑作品所带来的社会负面影响。另一方面，文艺工作者应深入生活，将对制度和文化的深刻理解融入创作之中，以生动和富有感染力的艺术形式展现社会主义的廉洁价值观。在塑造廉洁艺术形象时，要避免单一化和模式化，通过立体饱满的角色传递出正面的价值导向，明确指出哪些行为值得推崇，哪些行为应当被抵制。这样的艺术创作能够潜移默化地影响人心，使廉洁文化如细雨般滋润社会。

廉洁文艺作品既要形式多样化，也要内容多元化。习近平总书记曾指出，"对文艺来讲，思想和价值观念是灵魂，一切表现形式都是表达一定思想和价值观念的载体"②。没有思想和价值观念作为核心，任何艺术形式都难以扎根生长。对于廉洁文艺作品而言，重要的是融合思想深度、艺术美感和价值导向。通过绘画、摄影、影视、音乐、戏剧、文学等多样化的艺术形式，传递清廉的理念和价值。同时，随着互联网技术的发展和新媒体的兴起，传统的阅读和创作方式悄然发生变革，网络文艺作品逐渐成为新的文化现象。应当把握这一趋势，积极引导网络文艺创作，鼓励创新，使廉洁文化在网络空间焕发新的

---

① 《十八大以来重要文献选编》（中），中央文献出版社2016年版，第132页。

② 《习近平关于社会主义文化建设论述摘编》，中央文献出版社2017年版，第174页。

活力。此外，要充分利用网络平台，推广廉洁文化，让正面的价值观念在数字时代得到广泛传播。借助网络平台的互动性和即时性，激发公众对廉洁文化的兴趣感和参与感，形成全社会共同倡导廉洁良好的氛围。

建设廉洁文化基地，打造多元化廉洁教育平台。廉洁文化基地和示范点在推动廉洁文化生活化方面发挥着关键作用，不仅是传播廉洁理念的教育场所，也是开展相关廉洁文化活动的平台。一方面，要积极开发极具地方特色的廉洁文化教育基地。综合利用当地的传统文化资源、历史资源和红色资源，盘活本地廉洁资源，创建正面引导和反面警示的廉洁教育基地。深入挖掘历史名胜古迹和红色旅游景点中的廉洁元素，使之成为宣廉倡廉的重要场所。同时，因地制宜，建设环境协调、自然融合的廉洁文化景观，扩大展示空间，增强廉洁文化的感染力，营造尊廉崇洁的社会氛围。例如，广东省先后依托本地资源，建立了烈士陵园传统教育基地、农讲所教育基地、中共三大会址历史教育基地、广东省反腐倡廉理论研究基地、广东省纪检监察干部培训基地以及广州廉政文化教育基地等。

另一方面，充分发挥廉洁文化示范点的引领作用。通过精心打造具有鲜明特色、吸引人的廉洁文化生活化示范点，开展多样化的教育活动，如现场观摩、交流研讨、演讲和报告等多种形式的群众性教育活动，引导党员干部和社会公众主动到示范点接受廉洁文化教育。同时，利用重要纪念日和节假日蕴含的廉洁资源，组织参观和纪念活动，增强廉洁教育效果，扩大社会影响力。此外，要加强对示范点的管理和运用，确保其发挥应有的教育作用，防止其成为形式主义的摆设，特别是对于那些以实体景观为基础的示范点，更要严格管理，防止成为滋生享乐主义和奢靡主义的温床。

廉洁文化生活化是一个需要多措并举、统筹兼顾的系统工程。优化廉洁文化生活化传播方式、拓展传播载体、创新传播话语，推动廉洁文化走进日常生活，吸引不同群体参与廉洁文化生活化，以"春风化雨"润廉养廉，使廉洁文化可感、可触、可亲近，让廉洁从政、廉洁修身、廉洁齐家等思想融入日常，启智润心，实现党风政风与社风民风互促共进，营造崇德向善的社会氛围。

第四章

讲好廉洁故事：
让廉洁文化融入日常生活

以文化人，廉以养德。廉洁文化根植于中华优秀传统文化，彰显中国特色。党的二十大报告强调，"加强新时代廉洁文化建设，教育引导广大党员、干部增强不想腐的自觉"①。讲好廉洁故事，推进廉洁文化生活化建设是深化不敢腐、不能腐、不想腐一体推进的基础性工程。新时代要讲好廉洁故事，让廉洁文化融入日常生活，浸润人心，必须深挖资源讲故事、创新方式讲故事、贴近基层讲故事，增强廉洁文化的亲和力、吸引力、感染力，带动社风民风向善向上，营造崇廉尚洁的良好氛围。

---

① 《习近平著作选读》第 1 卷，人民出版社 2023 年版，第 57 页。

一、深挖资源讲故事　营造崇廉尚洁氛围

廉洁文化资源是讲好廉洁故事的源头活水，也是推进新时代廉洁文化生活化建设的动力源。习近平总书记指出："在五千多年文明发展中孕育的中华优秀传统文化，在党和人民伟大斗争中孕育的革命文化和社会主义先进文化，积淀着中华民族最深沉的精神追求，代表着中华民族独特的精神标识。"① 廉洁文化生活化建设必须从中华优秀传统文化、革命文化、社会主义先进文化中深挖廉洁资源，讲好廉洁故事，让廉洁文化融入日常生活，提升传播力和影响力，营造人人崇廉尚洁的良好社会风尚。

（一）从中华优秀传统文化中深挖资源讲故事

中华优秀传统文化是五千年中华文明的结晶，是中国民众在日常生活中积累的世界观、人生观、价值观的重要体现，蕴涵丰富的廉洁元素。习近平总书记强调："中华优秀传统文化的丰富哲学思想、人文精神、教化思想、道德理念等，可以为人们认识和改造世界提供有益启迪，可以为治国理政提供有益启示，也可以为道德建设提供有益启发。"② 因此，充分挖掘中华优秀传统文化中的廉洁文化资源是讲好廉洁故事的重要前提。

① 《习近平关于社会主义文化建设论述摘编》，中央文献出版社 2017 年版，第 15 页。

② 《习近平著作选读》第 1 卷，人民出版社 2023 年版，第 278 页。

廉从史出，源远流长。中华优秀传统文化是中华民族的文化根基和精神家园，"润物细无声"地影响中国人的思维和行为方式，对于塑造民族性格、促进社会和谐以及推动廉洁文化生活化建设具有无以替代的作用。比如，中华优秀传统文化主张以德治国，强调"民贵君轻""天下为公""廉不言贫，勤不言苦""淡泊以明志，宁静以致远""厚德载物""以人为镜，可以明得失"，等等，这些廉洁文化要素有着历久弥新的价值，是新时代推进廉洁文化生活化的重要素材。

中华廉洁文化的起源可以追溯到尧舜禹时期，在逐渐步入阶级社会的过程中，人的私欲日渐膨胀，贪污受贿的行为也随之而生。在尧舜禹这一代贤德明君的治理下，崇廉反贪的风气逐渐流传。尧舜之道包括治世之道、仁政、尚贤、仁义、忠孝、信悌、节俭七部分。《墨子·三辩》云："昔者尧舜有茅茨者，且以为礼，且以为乐。"墨家学派在历史上以其倡导节约和朴素的生活方式而著称，墨子本人更是将节俭视为其核心价值之一，并将其推到极高的地位。墨子特别推崇古代帝王尧和舜，视他们为节俭行为的典范，并将其治国理念视为节俭精神的巅峰。"三过家门而不入"的故事也印证了禹的清廉为民精神，并且永远被后人传颂。"不受曰廉，不污曰洁"的传统历经历史更替，延续至今，是讲好新时代廉洁故事的重要资源。

廉政廉洁，代代相传。以儒学为内核的中国传统廉洁思想的传承与发展，为新时代推进廉洁文化生活化提供宝贵的历史经验。在封建统治时代，有的统治者十分重视廉洁，不仅对自身要求严苛，更是将廉洁作为选拔官员的重要标准。《周礼·天官》对周朝六廉制度有记载："以听官府之六计，弊群吏之治。一曰廉善，二曰廉能，三曰廉敬，四曰廉正，五曰廉法，六曰廉辨。"廉善是道德指标，考察官吏是否具有极高的个人素质、道德品质；廉能是才华指标，考察官吏能否以才华奉献社会，兢兢业业、克己奉公；廉敬是人文指标，考察官吏是否具有与天道、人道、心性升华之道相适应的能力；廉正是执政指标，考察官吏是否品行清廉公正；廉法是礼法指标，考察官吏是否以法为本，在工作中守法不失，执法不移；廉辨是治理指标，考察官吏是否具有辨善恶、辨是非、辨真伪的能力。

在历史的长河中，许多帝王将相也对"六廉"理念进行了深入探讨，以"六廉"为核心的理念不断得到丰富和发展。如秦朝实行"御史"制度，汉文帝认为廉洁的官吏是民众的楷模，汉武帝则提高了对廉洁官吏的要求；诸葛亮在廉政方面提出了"理上则下正，理身则人敬"；隋文帝倡导节俭，反对奢侈；唐太宗与臣子们谈论"居安思危"；清朝康熙皇帝作《廉静论》等。周朝的"六廉"标准是我国廉政理念的精华，对后世官员的评选具有重要影响。此外，在春秋战国时期，一些国君开始强化对官吏的考核和治理。管仲提出了"三审"原则，即：未曾显露德行的人，不应委以重任；未曾展现才能的人，不应给予高薪；未能赢得民众信任的人，不能担任高官。李悝、商鞅和韩非子等人也纷纷就官吏的考核和治理提出了一系列的观点，并进行了相关实践。以上历经历史更替而不衰的优良廉政传统是讲好廉洁故事的经典资源。

廉入民心，家风远扬。习近平总书记指出，深入推进党风廉政建设和反腐败斗争，"也需要积极借鉴我国历史上反腐倡廉的宝贵遗产"[1]。中华优秀传统文化推崇和追求的理想人格是"君子人格"，历朝历代高度重视廉洁品德的培育，借鉴中国古代廉洁教化的积极实践，对于推动新时代廉洁文化生活化，讲好新时代廉洁故事，无疑具有深刻的现实意义。一方面，教廉洁以儒学。汉武帝时期，董仲舒提出"罢黜百家，独尊儒术"的主张。在此之后，儒家学说逐渐成为封建

---

① 《习近平谈治国理政》，外文出版社2014年版，第390页。

社会的统治思想，儒家经典也成了学习的必修课程。自汉至清，"五经"一直被钦定为官学的正规教材，宋代以后又增加了"四书"。以儒家经典作为教材，意在寓廉德养成于知识学习过程，在不知不觉中养成君子品德。儒家学说强调人的德性修养，其中许多思想已经成为中华民族的传统美德，例如"贵廉""为政以德""重民""克己自省""修身""慎独"，等等。总之，儒学经典中饱含了深厚而丰富的思想道德修养，是培育廉洁人格的重要资源。

另一方面，考之以廉德。中国古代将儒学经典以及有关廉的内容列入考试范围。汉代太学的学生必须精通一经，经考试合格后授以官职。隋代首创科举考试，秀才、明经、进士诸科并立，有助于打牢日后廉洁从政的道德根基，使廉政教化与学校教育相互融合，成为中国古代教育的一大特色。此外，以清廉为首要内容的家风家训在古代也比比皆是，塑造了崇廉尚德的社会风气。例如，北宋著名政治家、思想家和文学家范仲淹治家十分严谨，不仅以身作则，廉俭一生，而且还把生活俭朴作为家风之训教导给孩子。《言行录》中记载："范公常以俭廉率家人，要求家人畏名教，励廉耻，知荣辱，积养成名。"以上典型案例是讲好新时代廉洁故事的资源宝库。

链　接
▼

郑板桥的廉洁自律

郑板桥是清代著名的清官，也是家喻户晓的文学家、画家。他对贪腐恨之入骨，对欺上瞒下之风深恶痛绝。他写下的那首《竹石》，堪称他个人风骨的真实写照：咬定青山不放松，立根原在破岩中。千磨万击还坚劲，任尔东西南北风。

郑板桥40多岁当上河南范县和山东潍县知县。在任十二年，一身正气、两袖清风，从不收礼，也不行贿受贿，始终把百姓放在心头。

在范县上任之初，他首先做的就是让手下人把县衙门墙凿开很多洞，大家都疑惑不解。郑板桥解释道："出前官恶俗耳。"意思是把县衙内久存的贪腐风气全部消除。众人一听，无不暗自称赞。

当时不少朝廷官员为了填补家用或退休养老，会购置土地，并且超出了限制。郑板桥却只按照规定购置，绝不多占。在购置时，他最先想到的是那些无力购置土地的穷苦百姓，但他买得多了，就等于贪占了他人的份额，这无疑是一种罪过。他说："天下无田无业者多矣，我独何人，贪求无厌，穷民将何所措足乎？"

清清白白的郑板桥除了廉洁自律，不贪不占，还十分痛恨腐败风气。一次，一位朝中大臣到山东巡访，已经在各县市"获利颇丰"，来到潍县之后，便通过各种方式来"暗示"郑板桥。郑板桥心知肚明，所以等大臣动身离开潍县时，让人送去了一个礼盒。大臣看着眼前的大礼盒，觉得里面肯定装了很多金银财宝，可等打开后发现里面只有潍县的特产大萝卜，还附有郑板桥所作的一首诗："东北人参凤阳梨，难及潍县萝卜皮。今日厚礼送钦差，能驱魔道兼顺气。"

一身正气、一生廉洁的郑板桥，却在 61 岁那年被免去了潍县知县的职务，只因他眼见饥荒之下将要发生"人吃人"的人间惨剧，便私自开仓放粮，被别有用心之人抓住把柄，以"贪污渎职"的恶名告发了他。离开潍县时，郑板桥带走的只有一些书和乐器，以及个人的简单行李。送行的乡民痛哭流涕，送行达百里远。郑板桥在感动之下画竹题诗："乌纱掷去不为官，囊橐萧萧两袖寒。写取一枝清瘦竹，秋风江上作渔竿。"

（资料来源：向专、白雪编著：《新时代家庭助廉：弘扬清廉家风筑牢廉洁防线》，人民日报出版社 2023 年版，第 144—145 页）

（二）从革命文化中深挖资源讲故事

革命文化是中国共产党领导中国人民在伟大斗争中构建的文化，是廉洁文化生活化的重要精神养分。新时代新征程，要从革命文化中深挖资源故事，宣传教育广大党员干部坚守初心使命，传承先辈遗志，牢牢坚持"三个务必"，走好新时代赶考之路，锻造恪尽职守、廉洁奉公的优良品格。

革命文化蕴含廉洁底色。党领导人民进行革命的伟大历史进程，是中国近代以来最为波澜壮阔、可歌可泣的历史篇章。在这一伟大历史篇章中，廉洁品格始终如一地贯穿于党的革命奋斗历程中，也将一直延续下去。即便在抗战艰苦岁月，"铲除贪官污吏，建立廉洁政府"也是中国共产党和边区政府孜孜追求的目标。在中华人民共和国成立前夕，毛泽东在党的七届二中全会上提出了"两个务必"思想，高瞻远瞩地阐明了中国共产党人一定要清正廉洁，才能应对各种挑战。党的十八大以来，习近平总书记以零容忍的态度惩治腐败，坚持"老虎"和"苍蝇"一起打，探索把权力关进制度的笼子里，坚决反对和克服特权现象和特权思想，加强反腐倡廉教育和廉政文化建设等，构筑拒腐防变的思想文化防线。

革命历史是最好的营养剂。革命文化中有众多红色人物的真实清廉事迹，给党员干部以见之有廉政实物、读之有廉政内容、听之有廉政感染力，要从革命文化中深挖资源讲好廉洁故事。革命前辈的生活琐事所折射出来的精神，英雄烈士们被杀害时身无分文所体现的气节，这些革命文化中的人和事，对后人的行为方向产生重要影响，催生和强化人们爱党和爱社会主义的情感，对促进受教育者从认识向行为的转化具有重要作用。革命文化以高尚的个体价值观和革命乐观主义为引导，使共产党员内在自觉自律地崇尚清正廉洁，拒绝贪污腐败。革命文化营造贪污代价惨重的社会氛围，以利益考量和价值权衡作反向的震慑，促使反腐败斗争从"不敢腐、不能腐"向"不想腐"逐步转变。因此，不论是从党的历史还是从党的生存发展来看，清正廉洁是中国共产党人必须坚持的原则，是革命文化积淀而成的最厚重"压舱石"，也是讲好廉洁故事的鲜活素材。

弘扬中国共产党人精神谱系，崇廉颂俭。中国共产党人在革命、建设、改革的历史进程中形成的井冈山精神、"红船精神"、西柏坡精神、延安精神、抗美援朝精神、改革开放精神、抗震救灾精神、抗疫精神等伟大精神，是中国共产党人精神谱系的重要组成部分。推动新时代廉洁文化生活化，要坚持以中国共产党人精神谱系为主线，推动普及革命传统教育，让广大党员干部、群众从党的百年历史经验中汲取养分，从中国共产党人廉洁奉公、一心为民的事迹中汲取经验。1931年，中华苏维埃共和国成立，在中央苏区和各根据地，预防和消除腐化的廉洁文化生活也随之展开。毛泽东明确强调："应该使一切政府工作人员明白，贪污和浪费是极大的犯罪。反对贪污和浪费的斗争，过去有了些成绩，以后还应用力。节省每一个铜板为着战争和革命事业，为着我们的经济建设，是我们的会计制度的原则。我们对于国家收入的使用方法，应该和国民党的方法有严格的区别。"① 廉洁品格始终如一地贯穿于中国共产党人的精神谱系，对党员干部提出了具体的廉洁要求。今天，我们要切实围绕中国共产党人的精神谱系，将党在百年奋斗历程中生动鲜活的廉洁故事以更加立体多维的形式展现出来，讲好廉洁故事。

缅怀和传承革命先烈的廉洁风范。中国共产党自成立初期，就将清正廉洁作为必需的政治品格写在了自己的旗帜上。革命战争岁月，

---

① 《毛泽东选集》第1卷，人民出版社1991年版，第134页。

无数革命烈士坚持艰苦朴素、勤政为民的优良精神，甘于奉献、淡泊名利的高洁品格，留下了无数可歌可泣的廉洁故事。习近平总书记强调："统筹研究力量，强化研究规划，积极开展革命史料的抢救、征集和研究工作，加强革命历史研究，深入挖掘红色资源背后的思想内涵。"① 总书记铿锵有力的话语凝聚起勠力前行的磅礴力量，我们要深入挖掘与宣传革命先辈的廉洁事迹，讲好廉洁故事。

回看党的百年奋斗历程，革命先烈们的奉献事迹与牺牲故事数不胜数，这是讲好党的廉洁故事的宝贵资源。近年来，党史研究不断深入并取得丰硕成果，为宣传与弘扬中国共产党人的廉洁品格奠定了坚实的理论基础。当前，我们要进一步挖掘革命年代的廉洁文化资源，点面结合，不仅关注重大革命历史事件，还要聚焦于革命先辈的廉洁事迹，让他们的廉洁精神不断焕发生机。例如，背着金条乞讨的江西省苏维埃政府主席刘启耀，1935 年在宁都突围战中受伤昏迷，被刺骨寒风冻醒后，他从死人堆里爬了出来，找到原来藏身的山洞，取出之前用褡裢掩埋好的金条、首饰、银元，系在腰间，一边乞讨、一边找党组织，始终不肯动用公款分厘，先后联络到原中共杨赣特委书记罗孟文、宣传部部长刘飞庭等 1000 多位失散的苏区干部和红军战士。1937 年初，刘启耀和罗孟文、刘飞庭等组建了中共临时江西省委，然而开展革命斗争需要经费，当大家都为省委今后的办公经费发愁时，刘启耀取下腰间脏兮兮的布包放在桌上，里面是 13 根金条，还有银元、首饰，刘启耀说："这是我突围时保管的江西省苏维埃政府的经费，今后归临时省委支配。"② 谁也不曾

---

① 《习近平关于社会主义精神文明建设论述摘编》，中央文献出版社 2022 年版，第 167 页。

② 参见本刊编辑部：《腰缠金条的"叫花子"》，《当代江西》2022 年第 6 期。

想到乞讨数年瘦骨嶙峋的刘启耀竟然"腰缠万贯",大家被他忍饥挨饿保存党的经费的廉洁精神所折服。

链　接

开国少将彭显伦的清廉人生

1895 年 11 月,彭显伦出生在广东省南雄县上朔村一个贫苦农民家庭。1955 年被授予少将军衔。1930 年参加红军时,彭显伦已经 35 岁,由于上过几年私塾,会写字,会打一手好算盘,加之年纪偏大,老成持重,做事稳妥等,因此被分配到后勤部门,负责后勤供给。彭显伦的革命生涯中,几乎整天与钱物打交道。

1934 年春末夏初时,部队进到福建宇洋县境一个山区,他率领几个工作队员深入到距红军驻地二三十华里地区执行收集工作,被当地小股敌人发现,工作队被敌包围。他率领工作队冲出重围,为部队带回了相当数量的经费。即使在最艰苦的时候,彭显伦带着后勤人员翻山越岭,宁可扔掉食物,也绝不丢掉背包里的纸币,那是红军的救命钱。一生与钱物打交道的彭显伦,对自己却极抠门。有一件衣服,他从 1937 年穿到 1944 年,打了 21 个补丁。夏天把棉花掏出来,变为夏装。冬天塞进棉花,又成冬衣。长期的艰苦生活,使彭显伦患了肺结核病。根据地里药品奇缺,更没有治疗肺结核的特效药。组织照顾他,每个月特批给他两只鸡,还有一点鸡蛋和白糖。但彭显伦却说,现在是困难的时候,大家生活都很苦,我不能搞特殊。经组织派人多次劝说,他才勉强答应留一部分。彭显伦不但对自己极其严苛,而且也从来不为家属和乡亲牟取私利。

1950 年春,彭显伦轻装简从,回到阔别二十多年的家乡探望,有些亲戚认为他已当上大官,手中有权,希望他拿些钱给家乡和家中使用。彭显伦听后，便耐心地解释说："我手上是有钱有物的，但那都是公家的，一个铜板都不能乱用。我只有身上穿的衣服，才是我自己的……"说完，他当场把身上穿的一件毛衣脱下，送给了对方……即使是对自己的亲生儿子，彭显伦也不会给任何特殊照顾。彭显伦参加革命后，把大儿子留在老家。新中国成立后，他却让大儿子继续在老家务农。1958 年 5 月 1 日，身患肺结核多年的彭显伦，与世长辞。从农民到人民军队"后勤管家"，彭显伦一生永葆廉洁奉公、艰苦朴素的革命本色，为后人留下了许多宝贵的精神财富和优良传统。

（资料来源：新华网 2019 年 6 月 24 日。）

（三）从社会主义先进文化中深挖资源讲故事

社会主义先进文化是中国共产党在社会主义革命、建设和改革的历史进程中，团结带领中国人民在伟大实践探索中形成的先进文化。社会主义先进文化萃取了中华优秀传统文化和革命文化的精华，植根于中国特色社会主义伟大实践，积淀着中华民族最深层的精神追求，代表时代进步潮流和发展要求，滋养着为政清廉、秉公用权的文化土壤，是讲好廉洁故事的重要资源。廉洁文化属于社会主义先进文化范畴，是社会主义先进文化的题中之义。二者具有高度的"内在契合性"，均以马克思主义为根本指导，以为民服务为根本方向。深度挖掘社会主义先进文化中关于廉洁文化的资源，讲好廉洁故事，确保廉洁文化建设不转向、不偏航，并为廉洁文化建设注入动力。

社会主义先进文化为讲好廉洁故事"保方向"。文化立心铸魂，思想定向领航。一个政党、国家和民族的强盛兴衰很大程度上取决于其是否具有先进文化，是否代表先进文化的前进方向。在思想文化领域，如果先进文化不去占领，落后文化、腐朽文化就会取而代之。社会主义先进文化是人类文明进步的结晶，是健康的、科学的、向上的文化，为廉洁文化建设指引正确方向。然而，当前随着市场经济的发展，加上西方意识形态的渗透，部分党员干部暴露出对马克思主义信仰的动摇，盲目追求政治地位及物质财富，致使理想信念严重滑坡、党性原则丧失、漠视法纪等问题，把廉洁纪律当笑谈、生活纪律当耳旁风、群众纪律当小事、工作纪律如虚设，一步步走向腐败的泥潭，甚至跌入违法犯罪的深渊。因此，从社会主义先进文化中深挖资源讲好廉洁故事，既是全面从严治党的现实需要，也是确保廉洁文化朝着正确方向前进的迫切要求。

习近平总书记强调："对文化建设来说，守正才能不迷失自我、不迷失方向，创新才能把握时代、引领时代。"① 党的十八大以来，以习近平同志为核心的党中央在继承和发展马克思主义文化理论、赓续中华优秀传统文化与革命文化、坚守社会主义先进文化的基础上，在新时代文化建设方面创造性地提出了一系列新思想新观点新论断，形成了习近平文化思想。习近平文化思想是对中国特色社会主义文化建设规律的深刻把握，内涵丰富，思想深邃，赋予了中华文化和中华文明新的时代内涵，从理论和实践结合上明确了新时代全面从严治党与党风廉政建设的路线图和任务书。新时代廉洁文化生活化建设要从习近平文化思想中找方向、找思路、找答案，讲好廉洁故事，将其转化为不断开创廉洁文化建设新局面的实际成效，夯实中国人民永不消退的清廉底色，警醒党员干部始终把好人生"总开关"，确保廉洁文化建设始终沿着正确方向前进，谱写新时代廉洁文化建设的新篇章。

社会主义先进文化为讲好廉洁故事"添动力"。社会主义核心价

---

① 习近平：《在文化传承发展座谈会上的讲话》，《求是》2023 年第 17 期。

值观是社会主义先进文化的精髓，在讲好廉洁故事中起着凝魂聚气、强基固本的作用。习近平总书记指出："一种价值观要真正发挥作用，必须融入社会生活，让人们在实践中感知它、领悟它。要注意把我们所提倡的与人们日常生活紧密联系起来，在落细、落小、落实上下功夫。"① 为发挥以上作用，必须在遵循思想传播及接受规律的基础上，根据接受对象的多样化精心挑选承载社会主义核心价值观的典型事例；综合利用各种媒体，创造正能量充沛、主旋律高昂的文化产品，充分发挥社会主义核心价值观对廉洁文化生活化建设的感召力和吸引力。

　　社会主义核心价值观作为社会主义先进文化的内核，为讲好廉洁故事，推进廉洁文化生活化建设"添动力"。其一，国家层面的引领力。富强、民主、文明、和谐是我国在社会主义初级阶段的奋斗目标，成为引领国家发展、凝聚社会共识的重要精神力量；通过深挖国家层面的廉洁元素讲好廉洁故事，深刻阐明廉洁是追求富强、民主、文明、和谐的重要条件，腐败是腐蚀富强、民主、文明、和谐的毒药，增强廉洁文化建设的内在自发性与外在自觉性；秉持以人民为中心的根本宗旨，恪守廉洁自律准则，强化廉洁底色。其二，社会层面的约束力。自由、平等、公正、法治也与廉洁文化具有不可分割的联系，彰显社会主义核心价值观在价值层面的内在规定性。通过深挖社会层面的元素讲好廉洁故事，培育党员干部学法、知法、守法的内在自觉，在权力运用上始终坚持公正守法理念，确保权力被严格约束在制度框架内，坚决杜绝任何贪污腐败行为。其三，公民层面的策动力。爱国、敬业、诚信、友善与廉洁文化密切相关，是社会主义核心价值观在公民层面道德准则的具体要求。通过深挖公民层面的廉洁元素讲好廉洁故事，培育公民始终如一的强烈爱国情感，深化公民忠于职守、尽职尽责的

---

① 《习近平谈治国理政》，外文出版社 2014 年版，第 165 页。

敬业精神，信奉诚实劳动、言行一致的优良品质，建立心存友善的和谐人际关系，进而奠定廉洁文化生活化的道德基石。

链　接
▼

"法治燃灯者"邹碧华

"邹碧华同志是新时期公正为民的好法官、敢于担当的好干部。他崇法尚德，践行党的宗旨、捍卫公平正义，特别是在司法改革中，敢啃硬骨头，甘当"燃灯者"，生动诠释了一名共产党员对党和人民事业的忠诚。"①

——2015年3月，习近平对邹碧华同志先进事迹作出重要批示

邹碧华在上海法院系统工作20余年，曾任上海市长宁区人民法院院长、上海市高级人民法院副院长等职务。作为一名法官，在学术上，邹碧华始终坚持对法律知识的学习，为了更好地了解日本法律，他自学日语；为了让国外更好地了解我国法律情况，他加班加点进行书籍翻译。同时，他还书写了一系列优秀的法律文章和书籍，推动了国内司法事业的进步；在工作中，他尽心尽责，不断创新，同时邹碧华非常积极主动地和年轻法官进行沟通交流，打消他们的顾虑，让他们能够全身心投入司法工作。

邹碧华在司法改革的进程中，面对层层阻力，他坚定不移、敢担责任，他没有被眼前利益蒙蔽，更没有被暂时的挫折吓退，挑起担子，主动作为，敢于探路，将司法改革不断推向深入，为广大司法工作者树立了光辉榜样。

（资料来源：中央纪委国家监委网站2018年8月14日）

---

① 《习近平关于全面依法治国论述摘编》，中央文献出版社2015年版，第105页。

二、创新叙事讲故事　让廉洁文化浸润人心

叙事不是简单地讲故事，而应当让故事所传播的信息与理念真正入耳、入脑、入心。讲好廉洁故事需要准确把握"故事"和"讲好"这两个核心要素，要立足于话语融通、方式贯通和路径畅通这三个着力点，将创新叙事方式、创新叙事策略和创新叙事技术这三者有机结合起来，进而提高廉洁故事传播的广度、深度和效度，为新时代廉洁文化生活化建设注新思、添新意、掀新潮，真正让廉洁文化浸润人心。

（一）创新叙事方式讲故事

叙事的成功，就是指叙事能够抓住受众的耳朵，赢得受众的心。好的叙事方式是激发受众兴趣，让叙事信息通达受众心灵的桥梁。习近平总书记指出："我们有本事做好中国的事情，还没有本事讲好中国的故事？我们应该有这个信心！"① 可见，创新叙事方式讲好廉洁故事，树立讲好廉洁故事的自信，也是廉洁文化生活化建设的一项重要内容。当前讲好廉洁故事，必须从艺术化、大众化、生活化三个层面创新廉洁叙事方式，让廉洁文化融入日常生活，营造崇廉尚洁、抵制腐败的良好风尚。

寓教于乐，运用艺术化叙事方式讲故事。艺术化叙事方式，主要通过艺术化的叙事手法，将廉洁育人的理念巧妙地融入文艺作品中，以此提升廉洁文化叙事的感染力。早在新民主主义革命时期，中国共产党就重视艺术化叙事方式在革命文化生活化传播中的作用，1941 年

---

① 《习近平关于社会主义文化建设论述摘编》，中央文献出版社 2017 年版，第 208—209 页。

7月，中共中央宣传部指出："各种民间的通俗的文艺形式，特别是地方性的歌谣、戏剧、图画、说书等，对于鼓动工作作用更大，应尽量利用之。"[①] 于是，边区先后成立了剧团、秧歌队、社火队等推动群众文艺运动的团体，在寓教于乐中增强了民众的政治意识和政治觉悟。然而，叙事总是受到具体情境以及受众与环境之间联系的影响。当前，应对数字媒体时代泛娱乐化思潮的多重挑战，艺术化叙事方式能巧妙应对并化解泛数字媒体时代泛娱乐化对廉洁文化叙事效果的潜在冲击，给予叙事受众更为沁人心脾、更为触动心灵的文化故事体验，能以轻快欢乐的方式潜移默化地影响人心，产生以文化人的效果。

其实，我国民众习惯于生活在熟人社会，在这一社会环境的影响下，"自己的审美意识领域，实际上已经遗传性地积淀了祖先传统的思维模式、生活经验、审美心理等"[②]。因此，人民群众的审美共性是实现廉洁叙事艺术化的基础，只有从此出发，才能有效激发叙事活力。当前，运用艺术化叙事方式讲好廉洁故事必须从以下两方面入手。一方面，应根植于中华民族数千年积累的丰富文化底蕴，通过艺术化的手法展现廉洁文化，使之与广大人民群众的审美品位相契合，将廉洁育人的理念巧妙地融入"雅礼雅乐"之中，以此提升廉洁文化叙事的感染力和影响力。另一方面，应立足现实，关注人民群众的现实需求，运用艺术化叙事方式，在泛娱乐化背景下，善于捕捉和运用深受人民群众喜爱的娱乐形式，将廉洁育人的要求巧妙地融入"喜乐"之中，以此增强廉洁文化叙事的吸引力，使其更易于被大众接受并产生共鸣。同时要密切关注与把握娱乐偏好的变化趋势，在创新廉洁文化叙事方

---

① 中共中央书记处编：《六大以来：党内秘密文件》下，人民出版社1981年版，第856页。

② 卢蓉：《电视剧叙事艺术》，中国广播电视出版社2004年版，第34页。

式的过程中突出其艺术化特质，提升廉洁文化生活化传播效果，在潜移默化中筑牢拒腐防变的思想防线。

教化于民，运用大众化叙事方式讲故事。大众化叙事方式是一种适应众人喜好的文化传播方式。在廉洁文化叙事的实施过程中，其展开方式会因阶段和场合的差异而有所侧重，面对的受众也会有所不同。但总体而言，其核心受众仍是社会大众。因此，讲好廉洁故事首先要明确廉洁文化叙事的核心使命，即廉洁文化的生活化大众化，进而实现育人目的。因此，廉洁文化叙事为履行核心使命，要运用大众化叙事方式与不同的叙事对象建立信息的有效互动，这样才能增强廉洁文化叙事的社会影响力，使社会大众自觉形成崇廉尚洁、抵制腐败的心理。

当前，运用大众化叙事方式讲故事，要深入理解并牢牢把握不同叙事对象的社会特性。在这一过程中，要避免刻板印象与急于求成，在坚持实事求是、立足实践的基础上，针对不同的问题进行具体分析，进而实现差异化与大众化的结合。叙事主体在运用大众化叙事方式讲故事的过程中，要精准识别不同叙事对象的特性，解决好廉洁文化叙事广泛但缺少针对性的不足，从而突破"因材施教"的难题，推动廉洁文化叙事大众化的高质量发展。

另外，在数字媒体时代，叙事主体应着眼于人民群众面临的认知挑战，深入剖析廉洁文化叙事大众化的核心矛盾与冲突，致力于推动廉洁文化叙事在数字媒体时代实现更高层次的大众化。伴随着数字媒体技术的更新迭代，民众的认知渠道日益拓宽，然而"无论是在普通大众还是哲学家中，对正确的道德理论都没有共识"[①]。这一现实情

---

① 张帆、成素梅等：《人工智能的哲学问题》，上海人民出版社 2020 年版，第214 页。

况，对廉洁文化叙事大众化的推进提出警示，也为我们解决问题，摆脱困境提供了新的视角。只有构筑起人与人之间关于共性认知问题的桥梁，我们才能真正做到廉洁文化叙事在大众中的广泛认同与影响。

融情于景，运用生活化叙事方式讲故事。"叙事是人类历史上最古老的传播思想、表达情感、记录生活生产等的重要方式之一，也是最直接、最生动、最便捷的交流方式之一。"① 从上可知，叙事扎根于生活的土壤，是对现实世界的精炼呈现。为此，要想使廉洁文化叙事更有效地发挥教育作用，我们必须紧贴生活实际，以现实生活为源泉，将情感融于其中，确保廉洁文化叙事既有生活气息又饱含生机活力。首先，我们要明白廉洁文化叙事并非抽象的空中楼阁，是具体且多样的。现实生活的具体场景和与之相关的社会性元素，是廉洁文化叙事得以多元且具象化的核心要素。特别是在人工智能时代，技术构建的叙事场域为叙事提供了前所未有的便利，也带来了与之伴随的新挑战。由此可见，在完善廉洁文化叙事结构时，我们必须根植于现实生活场景，将廉洁故事融入人们的日常生活，以此实现廉洁文化教诲人、启迪人的使命。

其次，在推动廉洁文化叙事生活化的过程中，我们需保证生活性与价值性的双重统一，使得廉洁文化叙事的场景材料既源于现实生活，又能够超越其表面，展现更深层次的价值。随着智能技术的加持，廉洁文化叙事的场景不再囿于传统的实景叙事，而是逐步扩展到虚拟与移动场景等多元化形式，这无疑丰富了廉洁文化的叙事手段，但也可能导致我们对现实场景的依赖降低，对现实生活的关注减弱。面对这一潜在风险，我们需要多方位地考虑生活性、大众性和创新性的结合，通过融情于景，保证廉洁文化叙事不仅贴近人民生活，又能够传达深

---

① 傅红：《思想教育叙事方式研究》，重庆大学出版社 2020 年版，第 1 页。

刻的价值理念，从而推动廉洁文化叙事的持续、健康发展。

最后，我们应敏锐洞察叙事对象的新动态和新需要，将鲜活的生活要素巧妙地融入线上线下并行的叙事场域中，从而激发廉洁文化叙事的生命力。从公众对叙事话语构建的偏好来看，全景式网络空间下"人人发声的网络浪潮削弱了传统意识形态灌输的权威性，网民更青睐于戏谑的生活话语，而非传统的政治话语。"[1] 这意味着，在数字媒体蓬勃发展的时代下，推动廉洁文化叙事生活化转向势在必行，但也不能无原则地迎合网民的低俗偏好。

链 接
▼

永定路街道：举办"书永廉清风、韵浩然正气"廉洁书画笔会

为加强街道新时代廉洁文化建设，传播廉洁文化，海淀区永定路街道以"书永廉清风 韵浩然正气"为题，举办首届廉洁书画笔会活动。活动特邀著名书画家代表、永定路辖区党政军学群各行业书画爱好者现场挥毫泼墨，海淀区相关单位领导、街道机关干部、社区工作者参加活动。笔会利用现场书写绘画及作品展示的形式，多角度展示辖区广大书画爱好者利用书画创作弘扬和感悟廉洁文化的真挚情感。大家点墨颂廉，相互交流，共书浩然正气。

"墨香传廉韵、妙笔扬清风。"活动会场中，书法家和地区书法爱好者们尽情挥毫泼墨，舞动丹青，以笔墨言志、颂廉，即兴创作了多幅具有诫勉意义的书法作品。一幅幅作品主题鲜明、苍劲有力、意境悠远，以字喻人、以画喻心。书法家郭金钟现场写下"勤政"二字，

---

① 石磊、张笑然：《元宇宙：思想政治教育的未来场域》，《思想教育研究》2022 年第 3 期。

他表示，中华优秀传统文化中的廉洁文化源远流长，赓续传承至今，能通过文艺爱好者的力量弘扬廉洁文化非常有意义，"我会做到廉洁自律，做廉洁文化的倡导者、传播者、实践者"。此次活动还走进了小学校园和社区。小学校园中，同学们一边学习书法写作方法，一边从文化活动中感悟礼、义、信、廉等中华优秀传统文化的内涵。海淀区图强第二小学教师杨静表示，此次活动在弘扬书法文化的同时，培养了青少年廉洁奉公，诚信守法的意识，潜移默化地引导同学们从小树立正确的价值观和人生观，得到了很多同学的喜欢。复兴路83号社区作为辖区部队大院，部队干部和社区书法爱好者也共同参与到廉政书法写作活动中，以廉洁聚人心，勤政促发展，营造了清正廉洁的氛围，使党员干部深刻感受到了廉洁文化的影响和滋润。

（资料来源：中共北京市海淀区纪律检查委员会、北京市海淀区监察委员会网站 2022 年 10 月 9 日）

（二）创新叙事策略讲故事

叙事策略是一种精心设计的传播框架，通过特定的叙事方法将叙事信息精准传递给受众，旨在引起受众共鸣、形成共识的叙事系统。通过创新叙事策略讲好廉洁故事，能契合不同基础、不同层次的受众，提升廉洁文化生活化传播效果和影响力。

运用宏观与微观相融合的叙事策略。廉洁文化叙事是廉洁理念、操守、道德、风尚的话语表达，满足人们的精神需求是其重要任务。其实，要真正发挥廉洁文化叙事的作用必须将人们的精神需求外化为自觉行动。在廉洁文化叙事中，有宏观叙事与微观叙事的形态区分。宏大叙事是指运用完整性与连续性的抽象话语表达方式阐释廉洁文化的历史与现实内容，微观叙事是指侧重于社会个体对廉洁文化的具体表象、典型事例的感知与评价为基础的叙事方式。理论上越清醒，政治上就越坚定。从理论层面审视廉洁文化的叙事策略，宏大叙事能够从整体上展现廉洁文化理论，但是容易被过度抽象化、理论化、政治化及泛意识形态化；从现实层面审视廉洁文化的叙事策略，微观叙事能够具象化展现廉洁文化，让受众易于吸收理解，更好地形成情感共鸣，但是容易因为过度具体化、平面化的解读而遮蔽其宏大的叙事主题。

由上可知，创新叙事策略讲好廉洁故事，一方面要有廉洁文化理论的宏大叙事，从宏观上讲清楚廉洁文化的整体方针政策，厘清廉洁文化建设的工作重点、重大意义、根本遵循及发展方向等，为建设廉洁社会立根铸魂。比如，2022年2月中共中央办公厅印发的《关于加强新时代廉洁文化建设的意见》从宏观上强调，加强新时代廉洁文化建设"要坚持以习近平新时代中国特色社会主义思想为指导"，"不断实现干部清正、政府清廉、政治清明、社会清朗"，[①] 充分体现了党中央建设廉洁政治的勇气和决心。另一方面要融合"微观化"叙事策略，依托生活化事迹，用鲜活的案例、生动的语言、灵活的形式、真挚的情感，阐释廉洁思想、传递情感、引发共鸣，增强廉洁文化的吸引力、感召力和说服力。正如习近平总书记所指出，要"深化以案为鉴、以案促改，引导党员、干部正确处理自律和他律、信任和监督、职权和特权、原则和感情的关系"[②]。在创新廉洁故事的叙事策略时应该秉持问题导向性，精心挑选针对性强的素材内容，将廉洁文化的宏

---

① 《中办印发〈关于加强新时代廉洁文化建设的意见〉》，《人民日报》2022年2月25日。

② 习近平：《在中央和国家机关党的建设工作会议上的讲话》，《求是》2019年第21期。

观叙事与微观具体的腐败案件相结合。比如，可深挖被称"唐朝四大贤相"的姚崇、房玄龄、杜如晦、宋璟等中华传统廉洁人物史，从中发掘历史上德君良相、清官俭吏、仁人贤士的故事和家风文化，作为廉洁榜样示范的重要内容；也可以从中国近现代史中探寻那些忠于职守、两袖清风的人民公仆事迹，如林伯渠、吴玉章、陈赓、周恩来、焦裕禄、邓稼先、王进喜等，以他们作为廉洁榜样；还可以从新时代中探索全心全意为人民服务的廉洁人物的榜样事迹，如黄大年、孙家栋、张桂梅、钱七虎等，通过移情引发共情，给受众带来情绪上的共鸣，让廉洁文化浸润人心。

采用正面引领与反面引戒相结合的叙事策略。习近平总书记指出："对普通党员的教育，要用好正反典型，把合格的标尺立起来，把做人做事的底线划出来，把党员的先锋形象树起来，用行动体现信仰信念的力量。"[①] 在推动廉洁文化生活化进程中，创新叙事策略讲好廉洁故事，要采用正面引领与反面引戒相结合的叙事方法。首先，深挖我国历史长河中的廉洁文化资源，从而凝练出鲜活的廉洁文化故事，推动廉洁文化故事在新时代焕发出新的生机，这些内容不仅能让人们领略到我国优秀传统文化中廉洁奉公、勤政为民、恪尽职守的精神熏陶，还能领悟到新时代党风廉政建设与反腐败斗争的重要作用。通过紧密结合廉洁事例与党风廉政建设和反腐败斗争的实践内容，能够进一步加深广大党员干部与群众对于党的自我革命的坚定信心，坚定自身的理想信念，更加自发自觉地团结在党的周围，拥护党的领导，共同为共产主义事业奋斗终生。

其次，通过反面典型教育案例，促使党员干部既能有则改之，又能无则加勉，推动党员干部实现从外在规训转化为内在自省的转变，

---

① 《十八大以来重要文献选编》下，中央文献出版社2018年版，第179页。

持续增强遵纪守法的思想与行为主动。如，春秋战国时期被称为贪官"开山鼻祖"的羊舌鲋、秦朝时期侵夺民田操控国库的赵高、东汉时期人称"跋扈将军"的梁冀、唐朝时期就连胡椒也贪 64 吨的元载等，都是鲜活的典型反面事例。中国共产党历来都高度重视反腐败工作，特别是党的十八大以来，反腐败斗争的深入展开为书写反腐败历史新篇章提供了丰富多元的素材。这些素材既包括打击高层腐败的"打虎故事"，也涵盖整治基层腐败的"拍蝇战役"，以及追捕境外腐败分子的"猎狐行动"。对违反中央八项规定精神的问题进行通报，通过拍摄《零容忍》《永远吹冲锋号》《正风肃纪反腐倡廉》《不忘初心方得始终》等警示教育片，通过编印违纪违法党员干部忏悔录、参观各层级的警示教育基地、组织旁听庭审等方式，敲响廉洁文化建设警钟，将纪律、党性和廉洁文化教育的核心要素紧密联系起来，利用反面典型教育案例等生动教材，以案为鉴、以案明纪，筑牢党员干部的思想之堤，引导他们坚守崇廉尚俭、拒腐防变的意志。

链　接

▼

汕头：多举措打造"廉沁鮀城"廉洁文化品牌

近年来，汕头市着力打造"廉沁鮀城"廉洁文化品牌，坚持继承和创新相统一，深挖潮汕廉洁文化资源，讲好汕头廉洁文化故事，引导党员干部强化廉洁自律意识，弘扬崇廉拒腐良好风尚。

创新载体，让廉洁文化"活起来"。汕头市纪委监委、汕头市委宣传部主办的"廉润南粤·廉沁鮀城"廉洁文化专场演出中，潮剧、小品、民乐演奏、潮曲表演唱等极具潮汕特色的优秀节目轮番上演，以富有潮汕特色的艺术表达形式唱响"廉"声音，推动廉洁文化浸润人心，奏响新时代廉洁文化建设"最强音"。

廉洁教育，既走"新"又走"心"。市纪委监委强化统筹协调部署，推动各地各部门多形式、多途径加强廉洁教育，让廉洁文化入脑入心。推动市委党校普及廉政知识、传播廉洁文化，实现"线上线下相结合""理论实践相结合"的多元教育模式。一年来，汕头市委党校在县处级和镇街党政正职二十大精神专题研讨班、县处级提高现代化建设能力研讨班、中青班等18期主体班次开展廉洁文化教育30场，培训党员干部4226人次；利用师资优势积极开展委培教育和宣讲教育，在25期委培班次开展廉洁文化教育34场，培训党员干部2040人次，并为14个单位开展廉洁文化教育宣讲19场，培训党员干部1508人次。

汕头市纪委监委推动各区（县）纪委监委充分挖掘当地人文特点，有效运用资源力量，因地制宜深入开展廉洁文化建设，合力构建"一区县一特色"廉洁文化网络。龙湖区纪委监委创新推出"龙湖区廉洁文化地图"，梳理区内"清廉足迹"，因地制宜开展廉洁文化主题日活动，打造特色精品廉洁文化研学路径。澄海区纪委监委推动各镇（街道）升级打造12个镇级廉洁文化教育示范点，绘制"廉润澄海·廉洁文化教育示范点路线图"，"线上+线下"开展宣传推介，让广大党员干部群众行廉路、赏廉景、听廉声。

（资料来源：南粤清风网2024年1月30日）

（三）创新叙事技术讲故事

在新时代背景下，现代科学技术已渗透到生活的方方面面，弘扬崇廉拒腐的社会风尚，要发挥新媒体优势，创新叙事技术讲好廉洁故事，助力廉洁文化生活化，在全社会形成"趋廉避腐"的好风气。

加持互动叙事技术讲故事。廉洁作为中国共产党的政治底色与鲜明品格，贯穿于党的百年奋斗历程。习近平总书记指出："加强新时代廉洁文化建设，教育引导广大党员、干部增强不想腐的自觉，清清白白做人、干干净净做事。"① 推动新时代廉洁文化建设，必须牢记全面从严治党的要求，在摸索廉洁文化生活化的有效路径时，积极融入互动叙事技术，以此提升廉洁文化生活化的时效性和影响力。互动叙事技术符合现代教育的发展大势，它不仅能够增强受众的参与感，还能通过生动有趣的叙事方式，使廉洁文化生活化理念深入人心，进而实现以廉化人、入脑入心的目标。例如在爱国主义教育基地、综合文化服务中心、党员教育培训基地、历史名人与党建文化纪念馆等场所，加入因地制宜、应运而生的互动叙事技术，通过展览、教育、对话等多种互动形式，向社会大众传播廉洁价值观念，增强公众的廉洁意识和道德素养，在全社会营造良好的廉洁文化氛围。

互动叙事技术的加持可以推动各地的廉洁空间成为提升公民道德素养的重要场所。它通过展示廉洁楷模和廉洁故事，引导公民主动，学习廉洁榜样，树立正确的道德观念和行为准则。数字叙事与经典叙事的最大不同在于其鲜明的互动性特征。这种新形式不仅注重互动启发，更在感知教育中融入情景实况，从而营造出一个生动愉悦且充满乐趣的教育环境，如设计推出 VR 网上展厅，推动宣传入眼、教育入脑、廉洁入心。以广东惠东高潭革命干部学校为例，该校以红色培训为主线，以互动叙事技术为重要抓手，打造干部红色教育基地，采用案例教学、体验教学、实践教学、音像教学、激情教学等多种教学方法，进行干部廉洁文化教育活动，通过编排《东江红都　浩气中洞》《中洞革命斗争史》《甘溪党支部五名党员故事》等情景教育剧，促使学员参与互动演出，使廉洁文化教育鲜活生动、易学易懂，用鲜活生

---

① 《习近平著作选读》第 1 卷，人民出版社 2023 年版，第 57 页。

动的形式加强党员干部廉洁文化教育的效果。①

巧用融媒体叙事技术讲故事。推动新时代廉洁文化生活化，是我们党推进全面从严治党、自我革命的重要举措。在当前信息化社会，融媒体技术为廉洁故事的讲述提供了创新点，为促进新时代廉洁文化生活化提供助力。融媒体技术将传统媒体与新媒体相互融合，形成了全新的传播方式。这种方式结合了各种媒体的优点，为廉洁故事的传播提供了多样化的形式和广阔的平台。这使得廉洁故事能够更加丰富、生动地呈现给观众，提高其传播效果和影响力，使廉洁文化入脑入心。尤其在融媒体中虚拟现实（VR）技术的加持给受众带来一个沉浸式的叙事环境，使他们能够身临其境地代入其中，感受廉洁文化内涵，深入理解廉洁文化的背景和历史，增强故事的感染力。同时虚拟现实（VR）技术的加持可以使得廉洁故事的讲述更加生动有趣，提升人们在学习廉洁文化时的接受度与参与度。数字技术的加持与形式载体的创新，有效地增强了廉洁文化的吸引力与感染力，有利于提升新时代廉洁文化生活化实效。

当前，必须顺应媒体传播语境和渠道不断变化迭代的新趋势，才能更好地讲好适合新时代的廉洁故事。近年来，许多地方都在不断做出有益探索。例如，河南省将廉洁文化教育从"线下"搬到"线上"，将全省各具特色的廉洁文化教育阵地以 VR 全景的形式搬到网络平台和移动终端，绘制了廉洁文化地图，让党员干部足不出户即可感受全方位立体式廉洁教育。又如，山西大同市灵丘县纪委监委着力挖掘平型关精神等本土文化资源中的廉洁元素，将廉洁教育与红色传承、历史文化、社区特色、自然景观融为一体，全面开启体验式廉洁教育新

---

① 参见《挖掘红色文化资源 建设东江干部学院》，《惠州日报》2018 年 1 月 17 日。

模式，并把灵丘县的八处廉洁文化阵地串珠成链，运用 VR 技术，精心绘就"灵丘县廉洁文化地图"，打造具有灵丘地方特色的廉洁文化地标，将廉洁文化潜移默化地融入到干部群众的日常生活中。

善用数字可视化叙事技术讲故事。党的十八大以来，习近平总书记就新时代廉洁文化建设发表了一系列重要论述，为建设廉洁型政党提供了强大的思想武器和科学的行动指南。在大数据时代充分利用与发挥好数字可视化技术，可以推动新时代廉洁文化生活化更具科学性。数字可视化通过将复杂的数据以图表、图像等形式进行直观展示，使弘扬廉洁文化的故事更加生动易懂，进而提升故事的传播效果和影响力。将数字可视化技术应用于廉洁文化故事的传播，可以规避传统方式讲故事的弊端，利用现代信息技术提升故事的吸引力、感染力和传播力。

与此同时，通过数字可视化技术的运用，可以将廉洁文化的多个维度，如历史沿革、现状分析、案例展示等，以图表、动画、地图等多种形式直观呈现，使信息传达得更为全面和立体。数字可视化以其精确的数据呈现和逻辑关系展示，有助于准确传递廉洁文化的核心信息和反腐败的成效，避免误解和片面理解。数字可视化技术有利于将抽象的政策和复杂的统计数据转化为易于理解的信息图表，有助于加强对廉洁政策的宣传和解释工作，从而更好地展示廉洁文化生活化成果和反腐败斗争进展，能够提高政府治理效能，树立政府形象，增强公众信任。例如，国内的许多廉洁文化教育平台，如中央纪委国家监委网站，通过数据可视化技术展示廉洁文化生活化成果、反腐败斗争进展和典型案例，增强了廉洁文化的教育作用。数字可视化技术不仅有助于创新廉洁文化的表达方式，还能够提升廉洁文化故事的传播效果和社会影响力，为实现不敢腐、不能腐、不想腐的目标提供了有力的文化支撑和舆论引导。

<hr>

链　接

▼

大势所趋：网络反腐是反腐倡廉建设的重要组成部分

目前，随着互联网技术的飞速发展，"互联网+反腐"已经成为新时期反腐舆论监督的重要组成部分。网络反腐有效弥补了国家体制内反腐的不足，因此越来越受到普通民众的"青睐"，也越来越受到党委和政府的高度重视。

一方面，网络反腐尽管出现时间不长，但是目前却已成为中国畅达民意、维护权益、揭露腐败便捷而有效的手段。越来越多的腐败案件通过网民曝光走进政府相关部门视野，并得到及时有效的处置。如南京的"名烟局长"周久耕，因色诱而被拍不雅照的重庆市北碚区原区委书记雷政富，"表哥"杨达才，"房叔"蔡彬等。

另一方面，党和政府也逐渐认识到网络反腐的迅猛之势，以及网络反腐在党风廉政建设中的重要作用。党的十七届四中全会在《中共中央关于加强和改进新形势下党的建设若干重大问题的决定》中提出，健全反腐倡廉网络举报和受理机制、网络信息收集和处置机制。2013年4月19日，人民网、腾讯网等均在首页开设网络监督专区，并链接纪检监察、法院、国土等执纪执法部门举报网站以及干部监督"12380"网站等。2014年2月中央成立了网络安全和信息化领导小组。2014年8月，河北秦皇岛市纪委"四风问题人人拍"手机客户端上线，成为全国第一款面向移动互联网反腐领域的随手拍产品。2015年1月，青岛市公布的7起违反中央八项规定的典型案件中，就有4起来自"人人拍"客户端的举报，打响了一场"网络反腐和反四风的人民战争"。以上事例充分体现了新时期党和政府对互联网及网络反腐工作的认识已经达到了一个新的高度，同时也体现了党和政府主动回应和积极运用的姿态。

（资料来源：刘杰等：《党风廉政建设：新时代、新挑战、新使命》，上海社会科学院出版社 2022 年版，第 97—98 页）

三、贴近基层讲故事　让廉洁文化深入群众

基层是党的执政之基、力量之源。习近平总书记强调："'天下大事必作于细。'只有基层党组织坚强有力，党员发挥应有作用，党的根基才能牢固，党才能有战斗力。"[①] 因此做好基层廉洁文化工作就显得尤为重要。要让廉洁文化"飞入寻常百姓家"，就得使廉洁文化"接地气"，贴近基层实际，为基层生活、为基层群众讲故事，拉近与群众之间距离，让廉洁文化扎根于群众的日常生活，有"乡土味"。

（一）贴近基层实际讲好廉洁故事

基层是体现党和政府工作能力与形象的重要窗口，基层工作的好坏直接关系到群众的切身利益和社会稳定。基层作为廉洁文化的最直接传播者和践行者，要让廉洁文化在基层发光发亮，则需要基层单位在完成实际工作任务的过程中，将廉洁文化传播到村委会、居委会和党群服务中心，深入到基层企事业单位之中，并将廉洁自律、秉公办事、不徇私情、不谋私利等精神品质与基层党风廉政建设相结合，与日常管理相结合，与党员干部素质培养相结合，为基层的持续健康发展提供廉洁清明的环境。

贴近基层实际讲故事，将廉洁文化融入基层社区。基层社区既包

---

① 《十八大以来重要文献选编》下，中央文献出版社 2018 年版，第 178 页。

括村、居委会，也涵盖街道办、党群服务中心、基层商圈等等，是党风廉政建设的"切入点""突破口"。基层社区应从自身实际情况出发，开展丰富多样的廉洁文化宣传和实践活动，讲好廉洁故事。首先，健全基层社区廉洁体系，完善全方位监督格局。构建由浅入深、由小及大的"点—线—面"廉洁文化推行和监管体系，聚焦群众信访举报的重点，全面摸排社区服务漏洞，修补监管缺位、错位等隐患，以点带面营造廉洁向善的社区氛围。其次，打造基层社区公正廉明的文化矩阵。通过宣传，将"廉"元素潜移默化地渗透到"真、善、美、雅"文化理念中，借助"书屋""茶馆""古寺""遗址"等文化载体，打造沉浸式、体验式社区廉洁文化场景，让廉洁文化在基层生根发芽。譬如在社区定期举办廉洁文化宣讲会，设置观众互动、有奖问答、趣味打卡等活动宣传廉洁思想；让党员干部分享关于崇廉尚洁的经历与感受，与群众形成心理共鸣，使人民群众在不知不觉中接受廉洁文化熏陶，增强对廉洁文化的认同感与归属感。再次，优化基层社区廉洁营商环境。众所周知，各基层社区均有一定数量的商圈，构建亲清新型政商关系，优化清廉营商环境，不仅能促进非公有制经济健康发展，也能积极推动社区治理与市场发展的良性互动，打造廉洁社区。

贴近基层实际讲故事，将廉洁文化融入基层企事业单位。基层企事业单位的廉洁文化生活化建设是纵深推进反腐倡廉工作的基础性工程，基层单位党组织与职工群众直接面对面打交道，是全面从严治党的战斗堡垒。习近平总书记指出："党风廉政建设和反腐败斗争永远在路上，一刻也不能放松，要以抓铁有痕、踏石留印的坚韧和执着，继续打好党风廉政建设和反腐败斗争这场攻坚战、持久战。不论谁在党纪国法上出问题，党纪国法决不饶恕。"① 将廉洁文化融入基层企事

---

① 《习近平谈治国理政》第 4 卷，外文出版社 2022 年版，第 32 页。

业单位，可从多方面着手。首先，认真履行全面从严治党主体责任。对基层企事业单位的领导干部实行全周期闭环式廉政管理，一体化推进宣传倡廉、读史明廉、从业争廉、职工督廉、亲情助廉、谈案警廉、制度保廉等举措；恪守制度约束、群众监督、慎独自律三位一体原则，努力在每位领导干部和职工的思想上筑牢廉洁从业从政防线。其次，矢志不渝推进廉洁文化教育。通过组织观看警示教育片、先进典型宣传片，定期开展以"廉洁从业""廉洁从政"为主题的反腐倡廉思想教育活动，以读廉洁文化书籍等形式学习古今廉洁典范，提高全体职工的廉洁从业自觉性。再次，坚持以人为本的核心立场。从心灵上呵护、爱护每位职工，定期发放廉洁小礼品，开展廉洁文化宣讲会、主题活动日等活动，丰富基层单位职工的精神世界，弘扬清廉从业的社会主义核心价值观，创造良好的廉洁从业氛围。

链　接
▼

城关镇人民西路社区：深化"五廉"举措　助推清廉社区建设

近年来，甘肃省张掖市高台县城关镇人民西路社区探索"五廉"工作模式，推行清廉社区建设与基层治理相结合，助推清廉社区建设。

党建"引廉"，构筑清廉堡垒。抓牢党建引领的主线，将清廉社区建设纳入社区党委中心工作总体布局，通过党建引领扎实推进清廉社区建设，全面夯实基层廉政基础。注重加强党员干部廉政教育，以"三会一课"、主题党日为契机，开办清风课堂、流动课堂、实践课堂，组织开展《中国共产党党内监督条例》《关于新形势下党内政治生活的若干准则》等内容学习，将党风廉政教育融入社区工作日常。

制度"管廉"，夯实清廉根基。制定社区事务小微权力清单、居务监督委员会监督清单、社区干部作风问题清单等制度规范社区工作流程，确保社区工作的公开、公平、公正。对社区重大事项决策程序和落实情况、居务公开情况、居民委员会、监委会成员履职任职及廉洁自律情况等进行严格全程监督。

阵地"宣廉"，营造清廉氛围。社区依托"清风"长廊、新时代文明实践长廊等阵地，加强清廉文化建设，融入清廉文化元素，充分利用社区智慧云音箱、网格居民微信、"楼院讲堂"群等线上线下相结合的宣传方式，开展"读书分享会""红色故事宣讲""廉政文化会演"等活动。

服务"促廉"，筑牢清廉先锋力。依托"小微权力一点通"平台和"惠民高台"微信小程序，实现"居民点单、社区派单、网格员接单、群众评单"闭环管理流程，有效精准及时回应群众服务需求。

文化"育廉"，弘扬清廉新风。依托社区党群服务中心、文化长廊、居民楼道，建设布局合理、内容生动、氛围浓厚的廉洁文化展示廊和宣传橱窗，推进廉洁文化进楼院、进小区、进楼道、进家庭，将廉洁文化融入居民群众的日常生活。

（资料来源：高台县人民政府官方网站 2024 年 2 月 21 日）

（二）贴近基层生活讲好廉洁故事

廉洁文化作为社会主义先进文化的重要组成部分，以廉洁为核心、以文化为载体，发挥价值导向、激浊扬清的功能。要让廉洁文化在新时代党风廉政建设中持续高质量领跑，就得贴近基层百姓生活。运用现代科技和教育载体，与人民群众的生活实际相契合，与喜闻乐见的文化相承接，讲好廉洁故事。

贴近基层生活讲故事，需利用"线上+线下"相结合的力量。廉洁文化要接地气才能更触人心，凭借"线上+线下"双向发力，持续释放廉洁活力因子，更好契合基层群众生活。首先，在线上，依托网站、广播、微信公众号、自媒体平台（抖音、快手、微博）等，开设"党风廉政建设""廉洁文化入基层""每日廉语""清廉家风故事"等专题栏目，刊发各类廉洁文化信息，开展摄影、制作海报日历、撰写散文随笔等多种形式的廉洁文化宣教活动，刊载廉政热点问题和国家大政方针；同时精心创作老百姓喜闻乐见的廉洁主题微视频、微动漫、歌曲等新媒体作品，在线上进行多方位、多元化、多渠道传播，讲好廉洁故事，扩大廉洁文化的影响力，着力发挥"以文化人"的廉洁滋养作用。

其次，在线下，创办廉洁文化宣讲团，以基层党政"一把手"带头宣讲，基层纪检监察部门鼎力协助，搭配各乡镇、社区组建的廉洁文化宣讲队伍进行流动宣讲，讲好廉洁故事。推动各层级联动协作，凝聚廉洁文化宣讲合力，促使廉洁文化深入各企事业单位、乡镇基层乃至每个家庭，努力在全社会弘扬为政以德、勤政廉政等廉洁思想。同时，纵深挖掘廉洁文化在产品服务方面的供给潜质，培育廉洁文艺精品，开展诸如廉洁文化征文比赛、书法篆刻绘画系列展览、工艺品制造等活动，开设品读廉洁文化书馆，活跃基层廉洁文艺舞台，举办廉洁故事分享会，创作廉洁文化作品，用通俗易懂、雅俗共赏的民族语言阐述廉洁文化，让廉洁文化在基层蔚然成风、深入人心，培育形成廉荣贪耻、向上向善的社会氛围。

贴近基层生活讲故事，需采用"廉洁+"模式拓展载体。新时代廉洁文化生活化建设，在搭建更多传播途径和渠道的基础上，充分盘活各类资源，讲好廉洁故事，让廉洁文化生活化传播鲜活起来。中国共产党在百年奋斗中，始终坚持人民至上、奋斗创新，并勇于自我革命。在中国革命、建设和改革各时期，涌现出一大批视死如归的革命烈士、一大批廉洁奉公的先进模范，共同构筑起以伟大建党精神为源头的中国共产党人精神谱系。现阶段推进基层廉洁文化生活化建设，要从中华优秀传统文化、红色革命文化、社会主义先进文化和伟大建党精神中汲取廉洁养分，深度挖掘其独具特色的廉洁文化资源，运用"廉洁+党史""廉洁+党建""廉洁+基建""廉洁+讲堂""廉洁+文旅""廉洁+休闲""廉洁+互联网"等方式，集党建、宣传、教育于一体，充分发挥廉洁文化的示范引领作用，拓展廉洁主题宣传覆盖面，让基层群众和党员干部在潜移默化中接受廉洁文化的陶冶和教育。如建文化墙、清风路、清廉巷，打造红色廉洁主题公园和旅游村落，在道路、机关、学校、医院、史馆等重要场所设置廉洁文化宣传栏，让廉洁文化融入社会生活各个角落，让群众切实感到廉洁文化就在身边，可感可悟、可学可鉴，使廉洁意识内化于心、外化于行，自觉激发"不想腐"的内生动力。

贴近基层生活讲故事，需运用"对症下药"的教育方法。《论语·卫灵公》曰："廉以养德，文以化人。"廉洁教育能纯洁党内思想、净化党内政治生态，带动党内廉洁治理和教育体系的自我完善和发展。然而，当前基层廉洁教育仍存在"自弹自唱""自说自话"等问题。因此，廉洁文化生活化要取得实效，必须坚持问题导向，创新方式，"对症下药"，丰富产品供给。首先，要提升廉洁教育的趣味性。将廉洁元素融入群众生活场景当中，打造润物细无声的宣廉阵地。借助标语、广告、招牌等，赋予其"廉"生命力，以生动有趣形式将"廉"思想宣教入魂，推进廉洁文化生活化建设走深走实。其次，要增强廉洁教育的针对性。针对不同层级、不同特点的人群，录制别开生面的廉洁文化宣传片，在各中小学、车站、街头等人流密集之处轮番播放。将廉洁教育向多领域、宽层次延伸，不只局限于政府部门，而应使之成为全体社会成员的必修课。最终实现廉洁自律内化为大众"日用而不觉"的行为习惯，让以廉为美、以洁为荣的社会风尚蔚然成风。再次，要助推廉洁教育的常态化。经常性地邀请政治素质过硬、工作经验丰富、语言能力强的党员干部，深入社区、单位、机关、学校等基层，开展精准式宣教活动，播撒廉洁种子。贯彻"头雁领航"，推动"关键少数"带头守廉，筑牢理想信念根基，引导人民群众在廉洁教育中受警醒、受启发、受洗礼。因此，廉洁教育，乃树德之本，清风之源，唯有贴近群众基层生活，运用"对症下药"的教育方法，方能提升廉洁教育的针对性、实效性，使之根深蒂固。

链　接

▼

株洲市石峰区：以"廉洁文化建设+"打造廉洁教育阵地

湖南省株洲市石峰区委党校充分发挥廉洁文化示范基地作用，深入推进党风廉洁建设和反腐败工作，净化干部思想、规范党员行为。

廉洁文化建设+干部教育培训。充分发挥党校干部培训主渠道、党性锻炼大熔炉的积极作用。将党风廉政和作风建设教育列入主体班必修课程，并适时在专题班、系统业务班等班次开设相关专题。邀请市区纪委监委领导、省市党校专家教授作了《中国共产党章程》解读、《中国共产党纪律处分条例》解读、《家风家教与党风政风》《读书与反腐》等多个专题辅导，筑牢党员干部廉洁思想防线，建设廉洁政治。通过组织观看廉政教育警示片、实地参观党性教育基地、作风建设专题研讨、集中授课等多种形式，切实增强党员干部廉洁自律意识，逐步提升党性修养。

廉洁文化建设+师资队伍建设。积极组织学习，强化教职工廉洁意识。多次组织全体教职工学习《中国共产党章程》《中国共产党党员干部廉洁从政若干准则》《中国共产党纪律处分条例》等，教育引导教职工做到心中有纪、心中有戒。通过组织到炎陵开展支部活动，参观红军标语博物馆、在党旗前重温入党誓词、观看警示教育片、参加廉洁书画摄影赛等活动，进一步激发教职工奋发图强、克己奉公的勤廉作风，达到"润物细无声"的教育成效。

廉洁文化建设+红色学府建设。区委党校把廉洁文化建设作为红色学府建设的重要组成部分。一是旗帜鲜明、大张旗鼓讲廉洁。结合实际情况，从大处着眼，小处着手，在操场设置廉洁电子宣传栏、大门电子屏幕打出廉洁文化口号、大厅悬挂廉洁标语、布置廉洁文化走廊，使教职工和学员在耳濡目染中学习党规党纪，坚定理想信念。二是以书香传承廉政文化、涵养清风正气。在区委党校阅览室专门设置廉洁书架，配备用于开展党风廉洁教育的报刊、图书、影视等资料，让廉洁文化和阅读理念深入人心，在校园内形成读廉学廉、尊廉崇廉新风尚。三是用廉洁短信提神醒脑。适时编写发送廉洁短信给主体班学员，用温馨提醒的方式实现"廉政警示教育"的良好效果，让廉洁文化进一步内化于心、外化于行。

（资料来源：共产党员网 2024 年 2 月 23 日）

（三）贴近基层群众讲好廉洁故事

基层群众是廉洁文化生活化建设的关键因素。习近平总书记强调："中国共产党领导人民打江山、守江山，守的是人民的心。"[①] 新时代推进廉洁文化生活化，必须坚持以人为本、人民至上的原则，充分调动基层群众的积极性、主动性和创造性，推动廉洁文化接地气抵人心，让人民群众内心由衷接受廉洁文化，认同党风廉政建设的方针政策，最终实现塑造良好民风社风的目的。因此，欲使廉洁文化

---

① 《习近平著作选读》第 1 卷，人民出版社 2023 年版，第 38 页。

在人民群众心中生根发芽，必须贴近基层群众，凝聚多方力量讲好廉洁故事。

贴近基层群众讲故事，需赓续厉行勤俭、廉洁自律的传统廉洁观。廉洁作为中华民族的优良美德，是兴国安邦之源，是社会道德之规，是人人应自觉遵循的准则。古人奉行的廉洁观，是新时代廉洁文化的源头活水。《管子·牧民》提出国有四维"礼、义、廉、耻"，班固认为"吏不廉平，则治道衰"，欧阳修指出"廉耻，士君子之大节"，元代张养浩强调"廉以律身，忠以事上，正以处事，恭慎以率百僚"，明代"官箴碑"的"廉箴"写着"苟一毫之点污，为终身之玷缺。毋谓暗室，昭昭四知"等，无不反映前人对"高节清风"的精神追求和"重廉轻利"的价值崇尚。汲取传统廉洁观，有助于我们贴近基层群众讲故事，运用历史智慧推进廉政文化生活化建设。一方面，基层廉政宣传部门应将尚勤尚俭的传统廉洁观借助文化产品与媒介，如宣传栏、标语、口号、广播媒体等，播撒到人民群众的心中。同时将中华优秀传统文化中的"廉"元素嵌入百姓脑海中，让群众领略廉洁文化的独特韵味。另一方面，基层党员干部应身先士卒、率先垂范，发挥榜样的力量，带头践行崇俭戒奢的价值取向和道德准则，以静以修身、俭以养德的工作态度和艰苦奋斗、勤俭朴素的优良作风，感化、带动群众崇廉尚洁，赓续厉行勤俭、廉洁自律的传统廉洁观。

贴近基层群众讲故事，需秉承正气凛然、厚德载物的家风家训。家庭是拒腐防变的一道重要防线，是廉洁文化"翼展翅"和"人民心"的重要阵地。习近平总书记在多个重要场合强调家风的重要性："家庭是社会的基本细胞，是人生的第一所学校。不论时代发生多大变化，不论生活格局发生多大变化，我们都要重视家庭建设，注重家庭、注重家教、注重家风。"①《中国共产党廉洁自律准则》第八条也明确规定，党员领导干部要"廉洁齐家，自觉带头树立良好家风"②。家教家训深刻影响家庭成员的心理、情感、社交等方面。因此，若要使廉洁文化贴近基层实际，讲好廉洁故事，家庭的重要性不容小觑。如何让廉洁文化贴近家庭，将清廉家风从单个小家庭扩散至整个社会大家庭，以家庭之力杜绝违法乱纪行为，新时代已有诸多成功的实践：一是组织宣传教育。妇联组织有效地开展现实性、教育性、趣味性强的廉洁文化进家庭活动，邀请妇女儿童观看党风廉政警示教育片，将廉洁文化推广到家家户户。二是定期开设廉洁主题系列讲座，分期分批对基层党员干部和家属、社区普通家庭进行廉洁教育，营造浓厚的崇廉氛围。三是定期向基层领导干部家属和普通家庭发放信函、短信、文章、倡议书等廉洁宣传资料，动员基层家庭做反腐倡廉的宣传员、监督员，切实发挥家庭成员在反腐倡廉中的积极作用，形成全民反腐倡廉的良好局面。由此可见，我们必须时刻遵循治家之道，延续勤俭节约、艰苦奋斗的好家风，为新时代廉洁文化生活化建设贡献家庭力量。

贴近基层群众讲故事，需秉持因地制宜、因人而异的宣廉育廉原则。"千里不同风，百里不同俗"，不同地域的风俗文化有差异性，在推进廉洁文化生活化过程中，要具体分析基层群众的实际，不可生搬硬套"一刀切"。部分城市以"创文"活动助推廉政建设，其初衷是利国利民，提高百姓的幸福感和获得感，但在执行过程中逐渐"变

① 《习近平关于注重家庭家教家风建设论述摘编》，中央文献出版社2021年版，第3页。

② 《中国共产党廉洁自律准则 中国共产党纪律处分条例》，人民出版社2015年版，第6页。

味"，如海南创建文明城市，小学生在自家店门口写作业，城管竟公然收走小学生的书桌，城管回应"书桌超出店外经营"；又如，江苏南通将殡葬用品视为封建迷信事物并禁售，违者处以三倍以下罚款，专家称其为"一刀切"的懒政行为。因此，推进廉洁文化生活化建设要贴近基层群众的实际生活，让廉洁文化服务群众，而不是"制服"群众。

利用国家政策支撑的"天时地利"，配合人民群众支持的"人和"，助力廉洁文化生活化贴近基层群众，讲好廉洁故事。一方面，对于不同地域，要因地制宜地挖掘廉洁资源讲故事。我国各地都有其深厚的历史文化与具有地域特色的廉洁资源。盘活地域特色文化中的廉洁文化资源，把握廉洁文化的精神实质，打造本土化、鲜明化的廉洁文化品牌，在实践中不断提升美誉度和辨识度，是讲好廉洁故事的重要一环。如江西井冈山，作为中国工农红军第一个革命根据地，有茨坪毛泽东同志旧居、黄洋界保卫战旧址等丰富红色资源和革命遗迹，当地充分利用红色资源，对不同的旧居旧址研发不同主题的专题党课，形成共学共建廉洁文化的生动局面，涵养新风正气；又如，陕西西安作为十三朝古都，同样拥有极具历史意义和价值的廉洁资源，当地通过系统整理历代旧志中廉政名言、箴言，提炼历代志书中的廉吏能吏形象，梳理英勇革命先烈和优秀共产党员的廉洁事迹，树立廉洁模范和廉政楷模形象，引导人民群众学廉、思廉、践廉。

另一方面，对于不同层次群众，需针对不同年龄段、不同职业等采取因人而异的廉洁教育方法。对于青年人，采用廉洁+互联网、廉洁+游戏、廉洁+短视频等快节奏、能激发兴趣的教育形式，调动青年人学习廉洁文化的热情。对于中老年人，采用品廉洁茶、听廉洁广播、赏廉洁小品、观廉洁党课、办廉洁书法展等慢节奏的教育方式。对于基层党员干部，需要开展理想信念教育，要爱党爱国爱社会主义，优化政治、思想、组织、作风、纪律教育，筑牢拒腐防变思想防线，补足廉政意识缺位、错位短板。总之，推动廉洁文化生活化建设与基层群众深度融合，讲好廉洁故事，需秉持因地制宜、因人而异的宣廉育廉原则，塑造崇廉、尚廉、爱廉、倡廉的浓厚氛围。

链　接
▼

我眼中的爷爷：张富清（节选）

2019 年 9 月 29 日，人民大会堂金色大厅，习近平总书记给爷爷张富清颁授共和国勋章。

爷爷从部队转业到来凤县时，随身携带的物件就只有一口皮箱、一套军装、一个搪瓷缸。60 多年过去了，当年的皮箱已经失去了光泽，皮箱的扣件也已经断裂，加以缝补连接才能使用。一套军装从 1955 年穿到 1977 年，补丁摞补丁。一个搪瓷缸，已经失去盛水的功能，搪瓷脱落，牙膏皮打的补丁是那么的不协调，可缸体上的天安门图像却依然生辉，每天在三屉桌上静静地陪伴着爷爷看书学习。爷爷老了，它们也老了。可爷爷却将它们当成宝，不舍得扔掉。

爷爷早上吃一碗面条（这是全天吃得最多的一餐），中午一个馒头（或者摊饼）加油茶汤（家里打的油茶汤几十年都是如此，油炸茶叶姜米，烧开就是油茶汤，没有泡的食品），晚上米饭一小碗，浇点菜汤。2019 年 5 月 9 日，新华社记者在采访爷爷后，拍摄了一张爷爷吃晚饭的照片，一盘豆腐、一盘合渣、一碗蛋汤。拍摄记者程敏老师感叹"老人过得太简单了"。

听着爷爷对记者的述说，我明白了为什么爷爷把生活压到最低标准，但心里非常知足；为什么他选择到贫困的山区，一干就是一辈子。为什么他要把军功章锁进箱底，几十年都不拿出来示人，即使在艰苦的日子里也从不拿出军功章来改变一下生活困境，那是因为爷爷心里一直在和牺牲的战友比，能活着就是幸福，战友们牺牲了，他们未完成的事还得接着干。爷爷在和生活困难的群众比：我现在吃的、住的，衣食俱足，比过去不知好了好多倍，我知足了。我入党时就做了宣誓，为了党和人民的利益，我可以牺牲一切。

习近平总书记指出，家风家教是一个家庭最宝贵的财富，是留给子孙后代最好的遗产。① 今日，爷爷仍然是一日三餐过着质朴的生活，仍然住在建行的家中，只是爷爷更加老了。初心本色，付此一生，爷爷用他的奉献诠释了一名老兵全心全意为人民服务的赤诚忠心，诠释了一名共产党员的清正家风。

（资料来源：中共中国建设银行委员会、中共中央党校（国家行政学院）党的建设教研部编著：《熔炼——张富清同志一生的党性修炼》，中共中央党校出版社 2023 年版，第 298—304 页）

文以载道，成风化人。新时代讲好廉洁故事要顺应时势变化，深挖资源讲故事、创新方式讲故事、贴近基层讲故事，打造主题鲜明的廉洁文化阵地。不断增强廉洁文化在日常生活中的传播力、吸引力和感染力，让廉洁文化真正深入群众、浸润人心。发挥廉洁文化洗心养性、培根铸魂的独特作用，引导党员干部和群众时刻保持知敬畏、存戒惧、守底线。

---

① 《习近平关于社会主义精神文明建设论述摘编》，中央文献出版社 2022 年版，第 292 页。

第五章

廉洁文化生活化建设永远在路上

加强新时代廉洁文化建设，是党中央作出的重大战略部署。廉洁文化生活化是发挥廉洁文化价值引领、行为约束、净化环境功能的现实要求，"化"是一种倾向、一种转变，是一个动态的渗透过程，也是一种发展着的呈现样态。推进廉洁文化生活化是一项系统工程、长期工程，廉洁文化生活化建设永远在路上。当前及今后推进廉洁文化生活化建设，要坚持把廉洁要求贯穿日常教育管理监督之中，营造与廉洁文化生活化相适应的环境，让廉洁自律道德操守成为一种生活样态。

一、把廉洁要求贯穿日常教育管理监督之中

文化而润其内，养德以固其本。将廉洁要求内化于心、外化于行，将廉洁要求贯穿日常教育管理监督之中，使廉洁文化成为党员干部的一种日常生活方式。

（一）以文化育廉，将廉洁文化建设与日常教育相结合

文化育廉是指通过传承和弘扬廉洁文化，引导人们树立廉洁自律的意识和价值观，从而实现反腐倡廉的目的。文化育廉要与日常教育相结合，努力做到润物无声，提高实效性。

结合古今，挖掘廉洁文化的日常生活资源。中华民族历史上有关廉洁的诗词歌赋、警句格言、先烈事迹以及遗址、遗迹、遗物等，跨越时空传承；无数清官廉吏、仁人志士、革命先烈的事迹，为我们留下了丰富的廉洁文化资源。习近平总书记指出，"我们要坚持古为今用、推陈出新，使之成为新形势下加强反腐倡廉教育和廉政文化建设的重要资源。"① 挖掘廉洁文化的日常生活资源，必须对"为政以德""克勤于邦，克俭于家""直而温，简而廉""公生明，廉生威"等传统廉洁文化予以继承发扬，并赋予新的时代内涵，使之成为与社会主义市场经济相适应、与社会主义法治建设相协调的廉洁要求。例如，通过整理包拯、海瑞等廉洁人物的勤廉史迹、民间典故等，以可听可

---

① 《习近平关于党风廉政建设和反腐败斗争论述摘编》，中央文献出版社、中国方正出版社 2015 年版，第 140 页。

视可感可触的形式在日常生活中立体展现，创造性发展人民喜闻乐见的廉洁文化，使党员干部在日常生活中接受熏陶与感染。挖掘廉洁文化的日常生活资源要重视对中国共产党红色廉洁基因的传承。建党以来一代代共产党人涵养廉洁自律的道德操守，树立了一个个价值标杆和典范，创造了与中华民族传统美德相承接的红色廉洁文化。要用好革命历史"活教材"，加强对红色旧址、红色景区、红色文物等的保护和利用，推动日常生活中红色基因与廉洁因子共促共融，使党员干部从红色基因中汲取廉洁文化的智慧和力量，补足精神之钙，把稳思想之舵。

拓展领域，增强廉洁文化对日常生活的渗透力。廉洁文化生活化要从领导干部这个"关键少数"抓起，将廉洁从政升华为领导干部干事创业的道德自律。不过，廉洁文化生活化不能局限于领导干部。《关于加强新时代廉洁文化建设的意见》强调，"要弘扬崇廉拒腐社会风尚"①。因此，廉洁文化生活化既要盯紧"关键少数"，又要兼顾"大多数"，积极拓展廉洁文化生活化覆盖领域，增强廉洁文化对日常生活的渗透力，在全社会形成崇尚廉洁的社会价值取向，着力构建廉洁文化共同体。首先，要以家庭场域为基点，突出廉洁家风建设的主体性。"家庭是我们形成人生态度和价值观、产生远大抱负、树立个人理想和决定社会关系的场所。"② 领导干部一定要重视家教家风，以清廉家风涵养清朗党风政风社风。其次，要以学校教育为关键点，提高廉洁文化生活化的系统性。学校是培养人才、建设社会主义先进文

---

① 《中办印发〈关于加强新时代廉洁文化建设的意见〉》，《人民日报》2022 年 2 月 25 日。

② ［美］雷·马歇尔、马克·塔克：《教育与国家财富：思考生存》，顾建新、赵友华译，教育科学出版社 2003 年版，第 202 页。

化的重要基地，大力推动廉洁文化进校园，通过讲勤廉故事、读廉政诗歌、开廉洁修身课、建廉洁文化长廊等，发挥廉洁文化的教育、熏陶、导向作用。再次，要以社会参与为支撑点，提高廉洁文化生活化的聚合力。以基层社区为支点，广泛动员各方力量开展多层次、多角度的廉洁文化生活化活动，比如廉洁书画摄影展、廉洁征文演讲比赛、廉洁微电影展映、廉洁微剧目演出等活动，做到全年不断线，营造人人崇廉尚廉的社会风尚。

延伸载体，扩大廉洁文化对日常生活的覆盖面。党的十九大报告指出，"坚持正确舆论导向，高度重视传播手段建设和创新"①。单一的宣教形式已经不能满足现实需要。要创新宣传载体，更新传播理念，利用新媒体讲好廉洁文化故事，延伸新时代廉洁文化触角，牢牢掌握廉洁文化传播舆论主阵地。要打好线上线下联动组合拳，做强做大宣传矩阵，突破时间空间的制约，实现多种载体的有机衔接、成果共享，持续发力，提升廉洁文化的传播力、感染力和渗透力，推动廉洁文化"活"起来，助推廉洁文化融入基层社会治理，充分实现宣传入眼、教育入脑、廉洁入心，使廉洁之风吹进寻常百姓家。各级党委、政府要基于本地丰富的廉洁文化资源，因地制宜、深耕细作，打造地方特色廉洁文化品牌，以"小切口"做实"大文章"，不断丰富廉洁文化优质产品和服务供给，探索各类群众喜闻乐见的"廉形式"，推出脍炙人口的高质量作品，使之具有"烟火气""人情味"，接地气、触人心，提升人民群众对廉洁文化的价值认同和践行廉洁文化的行动自觉。

---

① 《习近平著作选读》第 2 卷，人民出版社 2023 年版，第 34 页。

链　接
▼

苏维埃政府的工作作风

苏维埃临时中央政府认为，"苏维埃的工作作风，是群众化、实际化、组织化、纪律化，是具有艰苦斗争的坚忍性，一切脱离群众的办法，都是官僚主义的作风。"① 1934年1月，第二次全国苏维埃代表大会通过的《苏维埃建设决议案》，对各级苏维埃政府的工作作风提出了明确而具体的要求：在开展反官僚主义的斗争中，苏维埃领导机关，必须尽可能地减少文件（而且文件要写得明白通俗并切中问题的要点），多致力于实际工作方面的检查与具体的活的指示。为达到这一目的，在苏维埃的机关内必须实行集体的讨论，明确的分工，并建立个人负责制。各级苏维埃应该把工作人员的劳动纪律提到最高度，对于不负责任、消极怠工的分子，应给以严厉的打击与制裁。

在苏维埃政府中，从中央和各部委领导到普通地方干部，始终保持着克己奉公、清正廉洁的工作作风。毛泽东、周恩来、朱德、彭德怀、张闻天、任弼时、方志敏、周逸群等革命领袖，带头做廉洁奉公的表率，经常深入基层与群众同甘共苦，被苏区群众视为自己的贴心人。

苏区时期我们党始终恪守"真心实意地为群众谋利益"的宗旨，很少考虑自己的利益，甚至在积极为革命事业奋斗时，还秉承苏区干部"自带干粮去办公"的良好作风，受到广大军民的称颂。中央苏区建立后，工作条件十分艰苦，为了克服困难，节约经费，家住苏区的

---

① 《建党以来重要文献选编（1921—1949）》第9册，中央文献出版社2011年版，第598页。

本地干部，自己从家中背米去办公。江西省苏维埃主席刘启耀带头从家中背米到省苏维埃机关，不要公家发的"伙食尾子"。他的妻子一时不理解，埋怨他说："当个主席，连饭都赚不到吃，真没有用。"刘启耀没有责怪妻子，而是耐心教育妻子说，共产党人当官，不是为了发财，而是为人民谋幸福。后来，刘启耀没有时间回家背米，他的妻子从兴国送米到于都，见到刘启耀数落他说："老公老公，饭要我供。"刘启耀听完后笑着说："革命成功，吃穿不穷。"三年游击战争初期被打散，他腰缠一大包作为党的活动经费的金银，在遂川一带乞讨度日，分文未动，直到1937年中共江西临时省委重建时，他才将珍藏三年之久的金银交给党组织，被誉为"腰缠金银的讨米人"。

随着反贪污腐化、反官僚主义斗争的开展，上至中央政府，下至乡苏维埃工作人员，实现了不脱产、不拿薪、自带伙食去办公，戴斗笠、穿草鞋走乡串户好风气。"苏区干部好作风"的佳话以歌曲和故事的形式口口相传，直到今天依然在苏区大地传唱。

（资料来源：周艳红：《苏区精神》，人民日报出版社2020年版，第112—116页）

（二）以监督塑廉，将廉洁文化建设贯穿"惩治防"的全过程各方面

对公共权力的有效约束是现代政治文明的要求，保持廉洁必须增强对权力的监督。党的二十大报告强调："健全党统一领导、全面覆盖、权威高效的监督体系，完善权力监督制约机制，以党内监督为主导，促进各类监督贯通协调，让权力在阳光下运行。"[①] 要坚持系统观

---

① 《习近平著作选读》第1卷，人民出版社2023年版，第54页。

念，运用"全周期管理"模式，保持"惩"的强高压、提升"治"的综合效能、构建"防"的健全体系，发挥廉洁文化生活化的综合效应。

始终保持"惩"的高压态势，巩固不敢腐的震慑力度。反腐败斗争是一场输不起，也绝对不能输的政治斗争。"惩治是反腐败斗争最有力的手段。离开了惩治，教育、管理、监督就会软弱无力，制度机制就会成为'纸老虎''稻草人'。"①党的十八大以来，"零容忍""猛药去病""刮骨疗毒""态度不变""决心不减""勇气不泄""尺度不松"等反腐败高频词充分表达了中国共产党对反腐败的鲜明态度和坚定立场。以习近平同志为核心的党中央高举反腐利剑，驰而不息"打虎拍蝇猎狐"，坚持反腐没有"禁区"，不设"特区"，避免"盲区"，始终保持"惩"的强高压，形成了对腐败分子的强大震慑。党中央坚持有贪必肃、有腐必反，审查调查力度持续加大，针对重点领域问题，加大监督执纪力度；巡视利剑作用进一步彰显，并集中力量靶向纠察国有企业、政法、投资金融等权力集中、资金密集、资源富集领域；曝光"四风"问题，监督并报告中央"八项规定"贯彻落实情况，盯紧重点对象，加大监督力度；特别是对党的十八大以来依然不收敛不收手的，成为全面从严治党障碍的腐败分子要从严从重查处，确保"不敢腐"的后墙不松动。

着力提升"治"的综合效能，强化不能腐的刚性约束。腐败治理是推进国家治理体系和治理能力现代化的重要议题，关系到国运兴衰。为此，要坚持党的全面领导制度优势，将其转化为强大的治理效能。进行反腐败斗争，提升治理综合效能，关键在党。要坚持党委统一领

---

① 王立山：《坚持不懈一体推进不敢腐、不能腐、不想腐》，《党建》2020年第6期。

导，党政齐抓共管，纪检组织协调、各部门各司其职、依靠群众支持和参与的反腐败领导体制机制。这个机制能够充分体现党的领导的政治优势，有效整合各方资源和力量，发挥纪检的组织协调功能，加强执纪执法部门的高效运行，提升治理综合效能，形成全党共同推进反腐倡廉工作的新局面，提升领导干部不能腐的刚性约束。要发挥人民广泛参与的力量优势，扩大治理效能释放范围。人民群众广泛、深入地参与反腐败斗争，他们既是参与者，也是反腐倡廉工作成效的最佳评判者。将群众路线贯彻落实到反腐败工作的全过程、全链条、全方位，使反腐败工作不仅仅依靠党内监督，更是形成全社会的监督治理体系，充分发挥人民群众的积极性、主动性，使"权力在阳光下"运行，伸手必被捉。

持续构建"防"的健全体系，筑牢不想腐的思想堤坝。"三不腐"中，"不敢腐、不能腐"其实只是手段，"不想腐"才是根本目标。三者是一个有机整体，既要猛药去疴、重典治乱，建立"不敢腐、不能腐"的屏障，也需要正心修身、涵养文化，筑牢"不想腐"的思想堤坝。因此，要持续构建"防"的健全体系，筑牢思想堤坝。首先，要建立党委统筹指挥、纪委组织协调、部门高效协同、人民群众支持参与的清廉建设体系，构建全域清廉格局，在党政系统和整个社会层面中弘扬廉洁的价值理念和实践精神，统一全党全社会的思想和行为，提高党员干部抵御外部风险和拒腐防变的能力。其次，要强化党员干部的宗旨意识，教育引导广大党员干部始终把联系群众看作"最大优势"，把服务群众看作"最大责任"，把脱离群众看作"最大危险"，强化底线意识，杜绝触碰"腐败红线"。最后，要常态化抓实党史学习教育和党风廉政教育，以反面典型案例进行警示教育，提高党员干部的党性修养和思想觉悟，固本培元，形成有效的思想免疫体制，推动不想腐成为党员干部的思想自觉和行动自觉，为不敢腐、不能腐构筑起坚固的思想堤坝，做到干部清正、政府清廉、政治清明。

链　接

▼

书记的耳光（节选）

改革开放初期的一个仲春时节，担任中共菏泽地委书记的周振兴到曹县韩集乡红三村看望杨得志将军当年的老房东、老共产党员伊巧云老人。随同的有时任曹县县委书记、武装部部长等6人。

到韩集后，周振兴书记没在乡镇和村委停留一步，直奔伊巧云老人家中。此时老人已重病在身，犹豫中只提了一个要求，就是"想吃半碗肥中带瘦的猪肉"。说完，老人又后悔道："也就是这么一想，周书记别当回事。"历来以雷厉风行、低调工作作风著称的周振兴，一下子泪流满面。他握住老人的双手："怪我，怪我们啊，老人家，对不起您。"无用言说，老人当天就吃上了肥中带瘦的肉。

随后，周书记回到县城参加了县委的一个汇报会。他眼含热泪地讲了一段话："伊巧云老人今年83岁，为抗日战争和解放战争，她牺牲了丈夫和三个孩子。抗战时期，为接待来往的将士，她曾一天做过9顿饭，为让将士吃饱吃好，她变卖了家中所有值钱物件和娘家陪送的嫁妆。现在，在我们领导下，生重病了，竟吃不上半碗肥中带瘦的肉。同志们，我们还有脸当他们的书记吗？"说着，周书记突然抬手扇了自己一个耳光，说道：我们这些大大小小书记的脸还叫脸吗？这一记耳光打得那样清脆，话说得那样沉重。他身旁的县委书记一下俯在桌上，低声哭了出来。一时间，所有与会人员都低下了头，收起了原先准备好的各自工作成绩的汇报稿。

（资料来源：天阔：《书记的耳光》，《菏泽日报》2018年7月3日）

（三）以篱笆筑廉，坚持和完善日常管理制度

"以篱笆筑廉"是指通过加强制度建设来约束党员干部的思想行为，构建廉洁制度文化，更好防止出现不正之风，确保党内政治生态的纯洁和健康。扎紧反腐败制度篱笆能将制度优势及时转化为反腐败治理效能。邓小平指出，"制度好可以使坏人无法任意横行，制度不好可以使好人无法充分做好事，甚至会走向反面。……不是说个人没有责任，而是说领导制度、组织制度问题更带有根本性、全局性、稳定性和长期性"①。当前，要坚持和完善党内谈话、领导干部述责述廉等制度建设，达到以篱笆筑廉的目的。

坚持和完善党内谈话制度。党内谈话是"红红脸、出出汗"的基本方式，不同于一般性的工作谈话或者谈心。《中国共产党党内监督条例》第二十一条规定："坚持党内谈话制度，认真开展提醒谈话、诫勉谈话。"② 党内谈话制度是强化自上而下监督的有效手段，是思想建党、制度建党紧密结合的制度体现。坚持党内谈话制度，是中国共产党的优良传统和政治优势。通过党内谈话，强化日常监督，可以及时发现和解决党员干部存在的问题和不足，帮助他们认识并改正自己的错误，增强自我约束和自我管理能力。"各级党组织要把党内谈话制度作为落实全面从严治党主体责任的重要抓手，高度重视党内谈话对落实管党治党政治责任的重要意义和作用，清醒认识党内谈话相对于其他工作方式对加强思想政治建设的独特优势，通过谈话去了解人、识别人、教育人、挽救人，进一步筑牢党群干群基础。"③

---

① 《邓小平文选》第 2 卷，人民出版社 1994 年版，第 333 页。

② 《中国共产党党内监督条例》，人民出版社 2016 年版，第 11 页。

③ 陈振：《完善党内谈话制度的体系性思考》，《理论建设》2017 年第 3 期。

以篱笆筑廉，必须坚持和完善党内谈话制度。首先，要明确责任。各级党委要把党内谈话制度作为落实主体责任的重要抓手，强化对权力运行的制约和监督，对领导干部出现的问题防微杜渐，早提醒、早纠正，防止小毛病转化为大问题，保持党的先进性和纯洁性。其次，要把握情形。把党内谈话和日常监督管理有机结合，抓早抓小，发现问题及时处理，当思想、纪律等方面有了苗头性和倾向性问题，有关党组织负责人应该及时对其谈话，给予提醒，确实存在轻微违纪问题的，上级党组织应对其诫勉谈话，防止领导干部由破纪走向破法。最后，要规范程序。谈话必须精准把握规范程序要求：第一步，综合运用个别谈话、信访举报、巡视巡察、网络舆情等不同途径，掌握党员干部苗头问题，选准谈话对象；第二步，按照权限和程序履行相应手续，拟订谈话方案、谈话环境、谈话内容及应急预案等，确保谈话顺利有效进行；第三步，开展谈话，说明谈话事由，提出谈话的具体要求，做好记录，并严格保密。

坚持和完善领导干部述责述廉制度。《中国共产党党内监督条例》第二十三条规定，"党的领导干部应当每年在党委常委会（或党组）扩大会议上述责述廉，接受评议。述责述廉重点是执行政治纪律和政治规矩、履行管党治党责任、推进党风廉政建设和反腐败工作以及执行廉洁纪律情况。述责述廉报告应当载入廉洁档案，并在一定范围内公开"①。领导干部述责述廉是指领导干部在一定的时间内向上级组织和群众公开报告自己的工作、职责和廉政情况的制度。全面贯彻落实述责述廉制度有利于将全面从严治党主体责任体现于细节，以防领导干部权力行使缺乏有效的监督和制约，以保证权力在合理的框架内充分发挥作用，并通过领导干部的先锋模范作用和党组织的核心领导作

---

① 《中国共产党党内监督条例》，人民出版社 2016 年版，第 12—13 页。

用，保证党的路线、方针、政策的准确贯彻和执行。在实践生活中，有些述责述廉工作形式化、官僚化，存在重点不突出、述不准、述不清等情况，对此，要重点把握好以下几个方面。

其一，精准全面把握工作内容，突出述责述廉工作重点。以政治监督为重点，主要监督对象为"关键少数"和领导班子成员，用好用活各种监督方式，将监督融入日常生活之中，实现政治监督常态化、精准化。其二，要加强监督管理，不断完善考核制度。派出机关要通过日常督促、交流谈话、考核等方式将述责述廉工作落到实处，将考核结果与评优评先、薪酬提升体系挂钩，对于考核结果不合格的，通过谈话、通报批评等方式予以纠正，防止述责述廉制度执行不力，流于形式。其三，根据问题特点，针对性地开展述责述廉。运用具体问题具体分析的原则，对派驻机构的特点和实际进行分析，结合地域性行业性等特点强化政治监督，补足薄弱点。概而言之，要不断完善述责述廉工作，把述责述廉工作作为廉洁文化生活化的一项重要工作来抓。

链　接
▼

抗日民主政权的廉政制度文化建设

1937 年，一个专门从事各种法规、法令的制定和修订等工作的机关——法令起草委员会在陕甘宁边区政府成立。1938 年 8 月，陕甘宁边区政府正式成立地方性法规起草委员会，进一步强化了陕甘宁边区的法规、法令的修订工作。1939 年，陕甘宁边区又组建了法令审查委员会。据统计，在陕甘宁边区存在的十多年期间，共制定和颁发了 64 个类别、数量达 1000 多件的法律法规。

建设廉洁政府是中国共产党抗日战争时期的政治纲领之一。中国共产党在 1937 年 8 月 25 日颁发的《抗日救国十大纲领》（以下简称《纲领》）明确地提出："实行地方自治，铲除贪官污吏，建立廉洁政府。"① 陕甘宁边区政府以《纲领》为指导，相继制定并颁布了 1937 年的《陕甘宁特区政府施政纲领》、1939 年的《陕甘宁边区抗战时期施政纲领》、1941 年陕甘宁边第二届参议会通过的《陕甘宁边区施政纲领》等六部带有总章程和总法规作用的宪法性的法律文件，对反腐倡廉做出了明确的规定。

这些纲领概括起来共有六点。第一，要发扬民主政治，采用直接的、普遍的、平等的、不记名的选举制，健全民主集中制的政治机构，增强村民自治能力。第二，要建立司法制度，保障人民有检举、告发任何工作人员的罪行的自由。第三，要建立工作检查制度。第四，要建立严格的经济制度，肃清贪污浪费。第五，实行俭以养廉原则，保障公务人员及其家属必需的物质生活、充分的文化娱乐生活。第六，厉行廉洁政治，严惩公务人员贪污，禁止任何公务人员假公济私。

同时，在华中抗日根据地以及开辟较晚的华南抗日根据地等抗日地区，基本上也都制定和颁布了施政纲领。如：1940 年 8 月 13 日，敌后模范抗日根据地——中共晋察冀边委公布的《中共中央北方分局关于晋察冀边区目前施政纲领》20 条（又称《双十纲领》）；1941 年 9 月的《晋冀鲁豫边区政府施政纲领》；1941 年 9 月淮北抗日根据地公布的《淮北行署施政纲领》12 条以及在 1944 年公布的《山东省战时施政纲领》《苏中行署施政纲要》13 条等等。

以上情况充分说明：中国共产党领导下的各抗日根据地政府对法治建设的高度重视。这些具体的施政纲领虽然产生的时间和根据地不

---

① 《建党以来重要文献选编（1921—1949）》第 14 册，中央文献出版社 2011 年版，第 476 页。

同，其内容也不尽相同，但其相同点都是党领导下的抗日民主政权必须建立廉洁政府，发挥模范作用。

中国共产党把廉政建设纳入法治轨道，从而抓住了廉洁政治建设工作的关键，客观上为保障廉洁政治提供了必要条件，从根本上保证了廉政建设的顺利实施。

（资料来源：单卫华、王群、许华：《中国共产党廉政文化建设史论》，济南出版社 2021 年版，第 58—59 页）

二、营造与廉洁文化生活化相适应的环境

环境是人类及其他生物赖以生存和发展的空间，直接或间接影响人类生活和发展。良好的环境不仅有益于人们生活品质的提升，也对政治稳定、经济发展、文化传承等方面产生深远影响。因此，营造与廉洁文化生活化相适应的环境是新时代廉洁文化生活化建设的重要组成部分。

（一）打造敬廉崇洁的政治环境

敬廉崇洁的政治环境是廉洁文化融入日常生活的重要因子，让群众感受到廉洁文化氛围所带来的影响。反腐倡廉作为新时代党的建设的关键之举，是打造敬廉崇洁政治风尚的有力武器。古人云："水不流则腐，官不廉则败。"打造敬廉崇洁的政治环境，为新时代反腐倡廉工作朝纵深方向发展提供牵引力、凝聚力和向心力，对于廉洁文化深入基层、贴近群众，促进廉洁文化生活化具有举足轻重的现实意义。

完善法律体系，强化监督机制。无规矩不成方圆，制定清晰、明确的法律体系能有效地约束和扼杀不法行为，降低腐败的发生率。建

立健全监督机制是防止腐败的关键因素，也是打造敬廉崇洁政治环境的关键。习近平总书记强调："进一步健全反腐败法规制度。围绕一体推进不敢腐、不能腐、不想腐等完善基础性法规制度，健全加强对'一把手'和领导班子监督配套制度。"① 在诸多腐败案例中，"落马者"往往自诩位高权重能逃避法律的制裁，法纪意识淡薄，对权力、金钱的贪欲永不满足，从小打小闹的"小苍蝇"到咧开深渊巨口的"大老虎"，最终无一例外都难逃法网，自食恶果。如，最高人民法院原副院长奚晓明，敛财1.14亿元，并带上全家人贪腐，家藏3亿元现金，于2017年2月被判处无期徒刑。又如，最高人民法院审判委员会原委员、民事审判第一庭原庭长郑学林，涉嫌贪污受贿，丧失纪法底线，知法犯法，大搞权钱交易，利用职务便利为他人在案件代理、诉讼等方面谋利，并非法收受巨额财物，于2024年3月被逮捕，现已开除党籍，收缴其违纪违法所得，涉嫌犯罪问题移送检察机关依法审查起诉。这些腐败官员身处国家纪检法律部门却知法犯法，钻法律空当谋私欲，无视党纪国法，一步步堕入深渊。一个个鲜活的腐败案例对社会公众起到警示作用，告诫民众法律就在身边，廉政就在身边。当党纪国法日趋完善之时，人民发自内心对法律产生敬畏之情，敬廉崇洁的氛围将在祖国大地愈加凝聚，学法、懂法、守法、用法的政治环境也便浮现。

拓展传播媒介，呈现廉洁文化。媒介是连通人民群众与廉洁文化的桥梁和纽带，是呈现廉洁文化的载体。借助媒介，既能弘扬廉洁价值观，提高民众对廉洁文化生活化的认同，又能强化社会监督，及时发现腐败行径，曝光不正之风，让廉洁文化生活化、形象化，具有打

---

① 《深入推进党的自我革命 坚决打赢反腐败斗争攻坚战持久战》，《人民日报》2024年1月9日。

造敬廉崇洁政治环境的功能。现代媒介在打造敬廉崇洁的政治环境中主要有三大作用：一是信息传播作用，通过媒介及时、准确地将廉洁信息传播给更广泛人群，让民众及时掌握当前廉洁文化生活化的热点与进程，提高社会各界对廉洁问题的知晓度和认同度。二是舆论监督作用，媒介通过曝光、报道等方式，将腐败行径公之于众，引发社会广泛关注和舆论监督，督促相关职能部门和组织对腐败问题进行深入调查和严肃问责，鞭策腐败问题的彻底解决。而对腐败问题的深入报道，又能对"蝇营狗苟"的腐败分子起到警示作用，杀鸡儆猴，遏止其胡作非为，令其改邪归正。三是道德教化作用，媒介能够在党的领导下传播廉洁道德观念，弘扬社会主义核心价值观，提高社会公众的廉洁道德水平，养成崇廉拒腐的道德风尚和价值观。百姓终日处在廉洁文化的耳濡目染中，真真切切感受到党风廉政建设和反腐败斗争的"防火墙"。

新时代拓展廉洁媒介，打造敬廉崇洁的政治环境，主要依托传统媒体与新媒体。传统媒体一般指报纸、杂志、书籍、电台、广播、电视等。传统媒体能够创造性地运用人民喜闻乐见的语言，将党的路线方针政策传达给群众，通过事实宣传、动员和教育，从而营造积极上进的廉洁氛围和社会舆论环境。新媒体新技术的飞速发展为廉洁文化生活化提供全新平台和渠道，微博、微信、社交网站、短视频平台等新媒体具有传播速度快、互动性强、覆盖面广等特点，能够更广泛、更迅速、更便捷地传递廉洁信息，拓展廉洁文化生活化传播的广度与深度。总之，充分运用传播媒介，对于塑造中国共产党自我净化、自我完善、自我革新、自我提高的革命形象，打造敬廉崇洁的政治环境具有深远意义。

强化廉洁教育，警醒防范意识。教育是传播廉洁文化的重要渠道之一，严苛的廉洁教育，搭配丰富的宣教形式和活动载体，不仅能构筑廉洁防御的堤坝，打造敬廉崇洁的政治环境，还能持续推动廉洁宣教入脑入心、走深走实，提升全员廉洁自律意识。习近平总书记指出："要把党性教育作为教学的主要内容，深入开展理想信念、党的宗旨、'四史'、革命传统、中华民族传统美德、党风廉政等教育，把党章和党规党纪学习教育作为党性教育的重要内容，引导和推动领导干部不断提高思想觉悟、精神境界、道德修养，树立正确的权力观、政绩观、事业观，保持共产党人的政治本色。"① 从基层至中央，逐层逐级探索全周期全链条廉洁教育模式，将廉洁教育贯穿工作和管理全过程，牢牢树立"不敢腐、不能腐、不想腐"的防范意识，真正使廉洁文化内化于心、外化于行。"前事不忘，后事之师。"新时代党风廉政建设，要继承和总结革命先辈们传承下来的教育经验，又要与时俱进创新出新型廉洁教育途径。如，抗战时期廉洁教育主要通过开展全党整风运动、加强理想信念教育、强化群众观念教育以及执行严格惩贪奖廉制度等方式进行。习近平总书记强调："腐败是危害党的生命力和战斗力的最大毒瘤，反腐败是最彻底的自我革命。""坚决打赢反腐败斗争攻坚战持久战。"② 新时代我们应继续保持清醒头脑，以大党独有优势破解"大党独有难题"，深入拓展新时代廉洁教育，增强警醒防范意识，打造敬廉崇洁的政治环境。

---

① 习近平：《在中央党校建校 90 周年庆祝大会暨 2023 年春季学期开学典礼上的讲话》，《求是》2023 年第 7 期。

② 习近平：《高举中国特色社会主义伟大旗帜　为全面建设社会主义现代化国家而团结奋斗——习近平同志代表第十九届中央委员会向大会作的报告摘登》，《人民日报》2022 年 10 月 17 日。

链　接
▼

"党史首虎"伏法记

1932 年 5 月，时任中华苏维埃政府瑞金叶坪村苏维埃政府主席的谢步升，因生活腐化、欺男霸女、走私物资、贪污巨款、杀人越货等罪名，被中华苏维埃临时最高法庭判处死刑。谢步升是 1931 年中华苏维埃政府成立后，第一个被处决的腐败分子，被称为"党史首虎"。

1931 年 11 月 7 日至 20 日，中华苏维埃第一次全国代表大会在江西瑞金叶坪村举行。善于伪装和投机的谢步升摇身一变担任叶坪村苏维埃政府主席。一天，瑞金县苏维埃裁判部收到了一封举报信，内容是：谢步升曾在南下途中将一名生病掉队的军医杀死，然后非法占有其金戒指、毡毯等物；其偷盖苏维埃中央政府管理科的大印，仿造出入苏区的通行证等证件，私自贩运水牛到白区出售等。

1932 年 2 月 19 日，中华苏维埃政府决定成立临时最高法庭，何叔衡担任最高法庭主席。专案组在调查期间，朱秀秀来到瑞金县苏维埃裁判部控告谢步升将她丈夫谢深润杀害。专案组经调查掌握了谢步升的部分罪行，感到事态严重，遂将有关情况向何叔衡作了汇报，何叔衡向中共瑞金县委书记邓小平作了汇报。

邓小平拍着桌子说："我们苏维埃政权建立才几个月，有的干部就腐化堕落，贪赃枉法，这叫人民怎样相信我们的党，相信我们的政府？""像谢步升这样的贪污腐化分子不处理，我这个县委书记怎么向人民群众交代？"毛泽东也为此做出指示：腐败不清除，苏维埃旗帜就打不下去，共产党就会失去威望和民心！与贪污腐化作斗争，是我们共产党人的天职，谁也阻挡不了。

1932 年 5 月 5 日，瑞金县苏维埃裁判部公审判决谢步升案，查证

9条罪状，涉及生活腐化、欺男霸女、走私物资、贪污巨款、杀人越货等。当天，瑞金县苏维埃裁判部做出如下判决：根据中央执行委员会第6号训令，判决谢步升枪决，并没收他个人的一切财产，倘若不服，在一星期内可以向中华苏维埃临时最高法庭上诉。

谢步升认为自己当过云集暴动队队长，打土豪分田地时立过功，向中华苏维埃临时最高法庭提出上诉。1932年5月9日，以梁柏台为主审的中华苏维埃临时最高法庭审理认为，瑞金县苏裁判部对谢步升的判决是正确的，驳回了谢步升的上诉。当天下午3点，谢步升被执行枪决。

（资料来源：秦强：《涵养党风——党员的10堂主题党课》，人民出版社2022年版，第17—21页）

（二）营造崇俭尚廉的社会人文环境

新时代推进廉洁文化生活化既要打造敬廉崇洁的政治环境，也要弘扬社会主义先进文化、社会主义核心价值观与道德观，营造崇俭尚廉的社会人文环境，让整个社会充盈敬廉崇德的良好氛围。

弘扬社会主义先进文化，营造崇俭尚廉的社会人文环境。社会主义先进文化是以马克思主义为指导，"发展面向现代化、面向世界、面向未来的，民族的科学的大众的社会主义文化"[①]，代表中国文化的前进方向，是新时代廉洁文化生活化的源泉和命脉。习近平总书记指出："没有先进文化的积极引领，没有人民精神世界的极大丰富，没有民族精神力量的不断增强，一个国家、一个民族不可能屹立于世界

---

① 《习近平关于社会主义精神文明建设论述摘编》，中央文献出版社2022年版，第25页。

民族之林。"① 社会主义先进文化是党领导人民在建设中国特色社会主义伟大事业过程中取得的人类文明成果，也是新时代廉洁文化生活化的应有之义。其一，社会主义先进文化为廉洁文化生活化提供精神动力和智力支持。社会主义先进文化具有民族的、科学的、大众的基本属性，在传承和弘扬中华优秀传统文化和民族精神基础上，通过先进文化自觉地鞭挞腐朽贪婪、揭露愚昧迷信、革除沉疴积弊，提高民众的廉洁思想觉悟，激发民众参与廉洁文化生活化的热情，形成助推廉洁文化生活化的强大精神力量。其二，廉洁文化的思想理念源自社会主义先进文化。社会主义先进文化以为人民服务为根本方向，发挥着以文化人、以文动人、以文聚人的重要功能。廉洁文化作为社会主义先进文化的重要组成部分，必然坚持其为民的根本宗旨，在廉洁文化建设中一以贯之人本思想，走"为民、务实、清廉"的群众路线。其三，社会主义先进文化确保廉洁文化生活化朝着正确方向发展。在社会主义先进文化指导下，新时代廉洁文化生活化与社会主义核心价值观相接轨，与民族精神和时代精神相衔接，与"共同理想"和"远大理想"相融合，为廉洁文化生活化指明光明前景和发展方向。总而言之，社会主义先进文化能够从人文环境上激活廉洁文化生活化动力，营造崇俭尚廉的社会人文环境。

培育和践行社会主义核心价值观，营造崇俭尚廉的社会人文环境。习近平总书记强调："核心价值观，承载着一个民族、一个国家的精神追求，体现着一个社会评判是非曲直的价值标准。"② 社会主义核心

---

① 《习近平关于社会主义文化建设论述摘编》，中央文献出版社 2017 年版，第7 页。

② 《习近平关于社会主义文化建设论述摘编》，中央文献出版社 2017 年版，第112 页。

价值观是维系民族、国家生存和发展的精神纽带，是推动经济社会发展的精神支柱，也是新时代廉洁文化生活化的精神动力。社会主义核心价值观就像"灯塔"，不仅能在党风廉政建设中凝聚中国力量，团结汇集各方智慧打造廉洁文化矩阵，还能将廉洁文化与人民"日用而不觉"的价值观相融通，悄无声息地融入百姓生活，点燃廉洁之火把，燃尽腐蚀之瘴气，净化社会之生态。党的十八大以来，以习近平同志为核心的党中央高度重视社会主义核心价值观的培育和践行，充分发挥其在廉洁文化生活中"力矩"和"心脏"的作用。一方面，社会主义核心价值观为新时代廉洁文化生活化指明道路。在廉洁文化生活化中，将社会主义核心价值观融入基层群众和党员干部的日常教育和生活点滴中，明确廉洁文化生活化的社会主义方向，树牢崇俭尚廉的价值观。另一方面，社会主义核心价值观拓展了新时代廉洁文化生活化的内涵。社会主义核心价值观涵盖国家、社会、公民三个方面，而部分地区廉洁文化生活化仅仅触及国家和社会层面，对公民的廉洁意识培养有所忽视。以社会主义核心价值观为引领开展党风廉政建设，更加重视对基层群众的廉洁教育，让爱国、敬业、诚信等理念深入廉洁文化内涵中，自觉与人民群众相融并践行，营造崇俭尚廉的社会人文环境。

培育和践行廉洁奉公的道德观，营造崇俭尚廉的社会人文环境。管仲曾道："道德当身，故不以物惑。"一个人有崇高道德，就不会被外界不正之风所迷惑。只有廉洁奉公的道德修养和精神境界在党员干部和基层群众心中植根，才能有效防范和减少违法乱纪现象的发生，才能真正践行廉洁初心，让整个社会吹响廉洁"冲锋号"。道德对廉洁文化传播和践行的作用主要有两点：一是"内德"，内在慎独，自我思过，自我警醒。《中庸》道："莫见乎隐，莫显乎微，故君子慎其独也。"在无人监督之时，谨慎从事，自觉遵守清廉品德。以自觉和自律的反省与检查，审视自己言行是否符合社会廉洁道德标准。二是"外德"，外在约束，外在督促，外在谴责。曾子曰："十目所视，十手所指，其严乎。"个人的言论行动总是暴露在社会大众的监督之下，不允许作奸犯科，做了也不可能隐瞒。社会约定俗成的廉洁道德规范对社会公德、职业道德、家庭美德等多个领域提出要求，对徇私舞弊、贪赃枉法等行为进行猛烈的道德谴责。习近平总书记指出："从思想道德抓起具有基础性作用，思想纯洁是马克思主义政党保持纯洁性的根本，道德高尚是领导干部做到清正廉洁的基础。"[①] "要加强道德教育，引导党员特别是领导干部明大德、严公德、守私德，重品行、正操守、养心性。"[②] 因此新时代党风廉政建设亟须从思想道德入手，以习近平新时代中国特色社会主义思想为根本指引，筑牢清廉自守的思想道德防线，营造崇俭尚廉的社会人文环境。

链　接

▼

半条被子一条心（节选）

1934 年 11 月上旬，突破国民党军第二道封锁线后，中央红军在汝城县境内进行了长征半个月来首次较长时间的休整。红军纪律严明，战士们睡在屋檐下、空地里，不仅没有动村民的东西，还帮助村民打扫卫生、挑水等。

由于心疼这些战士，30 多岁的村民徐解秀拉了 3 位女红军住到自己家里。腾出自家那张宽 1.2 米的木床，垫上稻草，床边架上一条搭脚的长板凳，徐解秀带着 1 岁的儿子加上女红军们，就这样挤到了一

---

① 《习近平谈治国理政》，外文出版社 2014 年版，第 391 页。

② 《习近平关于社会主义精神文明建设论述摘编》，中央文献出版社 2022 年版，第 190 页。

张床上。看到简陋的床铺上仅有一件蓑衣和一条烂棉絮，女红军便拿出她们唯一的一张行军被，和徐解秀母子一起横盖着。临走时，怕徐解秀母子寒冬难熬，3位女红军执意把被子留给她，但徐解秀坚决不同意。推来推去僵持不下，一位女红军索性找来剪刀，把被子剪成两半，留下半条给徐解秀，还留下两句话："红军是共产党领导的人民军队，打敌人是为了老百姓能过上好生活。等革命胜利了，我们还会回来看您的，送您一床新被子。"抱着半条被子，徐解秀含着泪，送了女红军一程又一程。

"什么是共产党？共产党就是自己有一条被子，也要剪下半条给老百姓的人。"徐解秀一直对3位女红军念念不忘，她时常拿上小板凳，坐在村口的滁水河畔，守望红军归来，一等就是50多年，直到去世。

（资料来源：曹溢：《半条被子一条心》，《中国纪检监察报》2021年3月29日）

（三）塑造健康向上的虚拟环境

虚拟环境，是介于现实世界与精神世界之间的一种状态，通常意义上指代网络环境，也就是网络虚拟空间。当前，随着互联网技术飞速发展，网络已经成为信息传播的主要渠道和廉洁文化宣传的重要场所，也为新时代廉洁文化生活化带来机遇和挑战。截至2023年12月，我国网民规模达10.92亿人，互联网普及率达77.5%。[①] 如果能充分利用互联网载体传播廉洁文化，过滤网络中的杂质和毒素，不仅能增强

---

① 参见《第53次〈中国互联网络发展状况统计报告〉发布》，中国互联网络信息中心网站2024年3月22日。

廉洁文化在新时代的凝聚力、吸引力、牵引力，还能塑造风清气正、清新绿色的网络虚拟环境。

建立健全网络监督监管机制，塑造清朗开明的网络虚拟环境。规范党员干部和社会公众的行为需要法治，完善网络环境的监督监管机制同样需要法治。习近平总书记强调："要抓紧制定立法规划，完善互联网信息内容管理、关键信息基础设施保护等法律法规，依法治理网络空间，维护公民合法权益。"[①] 健全网络监管机制，不仅仅是国家监察监管部门的责任，还需依靠社会组织、团体和个人的力量。当前，随着网络科技的发展，腐败的利益载体不再局限于现金、贵金属等实体性财物，还借助现代网络技术大搞"隐形"权钱交易。腐败分子用直播、电商、快递平台收送礼品礼金、贪污公款，通过微信红包、电子礼品卡、购物卡、提货券等网络工具行贿受贿，凭借股票、证券、基金、理财项目等网络金融衍生产品、电子支付工具、网络交易平台等手段实现权钱交易。

这一系列借助现代网络衍生出来的"新型腐败""隐性腐败"极度隐蔽和复杂，不懂技术的"外行人"根本无法发现其中的"猫腻"。因此，当务之急是完善相应的法律法规，加强行业监管，强化网络安全部门（如网络监督管理局、公安机关公共信息网络安全监察部门、国家网信部门等）的监督。同时充分利用民间组织团体（如中国红客联盟）的监督、基层人民群众（如北京朝阳群众）的监督，跨区域、跨层级、跨系统完善廉政监督，让廉洁文化深入互联网"犄角旮旯"中，清扫群众身边的"蝇贪蚁腐"，塑造清朗开明的网络虚拟环境。

深化网络传播内容管理，塑造积极健康的网络虚拟环境。习近平总书记指出："要加强网络伦理、网络文明建设，发挥道德教化引导

---

① 《习近平关于网络强国论述摘编》，中央文献出版社 2021 年版，第 34 页。

作用，用人类文明优秀成果滋养网络空间、修复网络生态。"① 当前，在以流量为王的网络虚拟环境中，有无数人、无数张嘴每时每刻都在输出千奇百怪的观点，使得网络传播的内容良莠不齐，如不加以净化，那些消极、迂腐、恶毒的思想就会泛滥成灾，对新时代廉洁文化生活化带来巨大威胁。因此，需要相关职能部门对网络传播内容进行监管，以"正能量"的廉洁文化净化网络的"乌烟瘴气"。

净化网络传播内容可从以下几方面着手：其一，对网民和网络从业者进行经常性、习惯性的普法教育和道德教育，以增强法律意识和道德观念，养成文明上网的习惯，以廉洁新风尚净化网络空间。其二，加强对网络传播内容的健康引导。一些网络不法分子为了利益不择手段，传播"黄、赌、毒"等"诱人"信息，部分理想信念不坚定、政治立场不够强、法治意识淡薄的党员干部、人民群众易受"蛊惑"，迷失于方向。对此，要重拳出击，剔除有害的负面内容，向廉洁信仰靠拢看齐。其三，全力抵制腐朽错误思想的滋生、蔓延。网络已将世界连为一个整体，然而，西方社会思潮大量涌入，令人猝不及防。要严加防范错误思想的侵蚀，严把网络内容质量关，紧握社会主义廉洁文化"净化器"，过滤网络堕落腐化之瘴气，塑造积极健康的网络虚拟环境。

规范使用科技新引擎，塑造创新洁净的网络虚拟环境。进入 21 世纪，人类信息科技突飞猛进，将迎来第四次科技革命，即智能化时期。生成式人工智能（如 ChatGPT）的出现，将成为推动社会发展的新引擎，也成为新时代网络廉洁文化生活化的新媒介。各基层地区和部门可根据实际情况，充分利用智能化信息技术（如 VR、AR、AI）打造基于自身特色的网络廉洁文化样式。如利用虚拟现实技术（VR）开展

① 《习近平关于网络强国论述摘编》，中央文献出版社 2021 年版，第 155 页。

党建廉政教育工作，创建逼真的虚拟党校环境，在虚拟空间中模拟各类党史学习教育、理论学习，重现重大历史事件和党史场景，召开虚拟党支部会议、党员宣誓等活动，为党员提供亲临其境的学习环境，提高党员对党组织的认同感和责任感，提高党建工作的质量和效果，促进党风廉政建设深入每一位党员心中。此外，利用"网络+VR"打造高科技廉政展厅，将廉洁教育融入虚拟展厅中，让参观者在虚拟场景中参观展厅，体验廉洁文化的独特韵味。

现代智能科技打造的系列廉洁文化产品具有诸多优势。一方面，创新廉洁文化宣教方式，打破线下教育的时空限制，让体验者在任何时间、任何地点学习廉洁知识，提高教育效果，整体增强公众廉洁意识，自觉遵守廉洁准则。另一方面，因网络便捷、覆盖面广等优点，能够全网共享廉洁教育内容，拓展受众范围，扩大廉洁文化的社会影响力，引领社会潮流，凝聚社会共识，达到以"不费吹灰之力"清扫网络不正之风和腐败的邪气歪风效果，塑造洁白、纯净的虚拟环境。

链　接
▼

互联网在反腐工作中具有独特优势

网络反腐是"互联网+反腐"的实践应用，是通过运用互联网技术所引起的社会舆论效应，对执政行为进行监督和对权力进行约束，从而达到有效预防、遏制、惩戒腐败行为的一种方式。网络反腐的主体既包括广大网民，也包括国家的专门机关，其形式主要表现为网络举报人与政府官方的互动。

网络反腐与其他反腐途径相比具有以下独特优势：

一是效率高。信息在网络上传播和扩散的速度非常之快，只要一条"吸引眼球"的反腐信息出现，就会在瞬间引爆网络舆情，信息传播范围之快、之广是其他反腐形式所不能比拟的，这可以大大缩减传统信访等反腐形式纷繁复杂的程序，节省了上传下达的时间，一定程度上规避了中间过程可能的人为干扰，为反腐工作赢得时间，提高效率。

二是成本低。网络反腐不受时间、空间限制，举报人不必耗费大量人、财、物力进行上访，节约了举报成本。比如，在移动互联网时代，每部手机都是一部暗访器材，手机客户端不受时间和地点限制，随时可以把图片、文字、视频等资料上传网络，真正做到了"有图有真相"。此外，网络虚拟性、匿名性的特点，可以使举报人通过匿名的方式曝光腐败事件和公布腐败信息，这就规避了事后被打击报复的风险，可以有效保护举报人自身的合法权益。

三是反响好。网络开放性的特征使得网民不受社会身份地位限制，拥有平等的话语权和参与权，这一方面为网民对腐败问题的不满提供了一个"宣泄"的渠道，也能够让网民看到发现和惩治腐败的希望，增强了主人翁的责任感和信心。另一方面，网民在网络反腐的过程中也能一定程度上得到"民主的训练"，充分调动了网民参政议政的主动意识，有利于公民文化的培育和发展。

（资料来源：刘杰等：《党风廉政建设：新时代、新挑战、新使命》，上海社会科学院出版社2022年版，第98—99页）

三、让廉洁自律道德操守成为一种生活样态

廉洁自律道德操守是党员干部必须遵守的从政底线和基本准则。党员干部要将廉洁自律道德操守内化于心、外化于行，入心入脑，做到学思用贯通、知信行统一，切实做到学廉、知廉、崇廉、守廉，使

其成为一种生活样态，让廉洁自律成为认知心理、生活准则、精神追求，在日常生活工作中时刻彰显出清正廉洁的政治本色和优良作风。

（一）成为党员干部的认知心理

认知是行为的先导。领导干部恪守廉洁自律道德操守，必先对廉洁自律有一个准确、全面、深刻的认识。只有不断端正和提升廉洁自律的认知能力，领导干部才能始终保持清醒的头脑和严于律己的作风，廉洁从政才会有坚实的心理基础。

树立审慎用权的敬畏意识。正确的权力观是领导干部的基本素养和政治准则，也是领导干部坚持廉洁自律的前提和基础。1944年，一位美国记者问毛泽东："你们办事，是谁给的权力？"毛泽东回答："人民给的。"[①]《中华人民共和国宪法》第二条规定，"中华人民共和国的一切权力属于人民"[②]。中华人民共和国是人民民主专政的社会主义国家，人民是国家一切权力的所有者和授予者。作为"关键少数"，党员干部是被人民推选、受人民重托、代表人民来行使权力的，必须牢牢树立正确的权力观。权力的本质是责任，意味着服务与奉献。俗话说，"为官一任造福一方"。领导干部是为人民服务的公仆，要深刻认识到手中的权力是人民赋予的，权力的运用必须为人民谋利益、对人民负责并自觉接受人民的监督。《中国共产党章程》明确要求，党的各级领导干部必须正确行使人民赋予的权力。权力是一把"双刃剑"，正确行使权力，就会利国利民，在履行职责中更好地实现人生价值；滥用权力则会祸国殃民，断送自己的前程。当前，绝大多数党员干部能够做到廉洁奉公、用权为民，受到人民群众的信任和肯定，

---

① 参见《毛泽东选集》第4卷，人民出版社1991年版，第1128页。
② 《建国以来重要文献选编》第5册，中央文献出版社1993年版，第522页。

但仍有不少人把权力当成谋取个人名利的工具，在金钱、美色的诱惑下违法违纪，甚至滑向犯罪的深渊。除以权谋私行为外，用权乱作为、仗权耍威风、有权不作为等也是权力观扭曲的突出表现。"畏则不敢肆而德以成，无畏则从其所欲而及于祸。"领导干部一旦失去敬畏之心，权力就会肆意妄为，就会背离人民的意愿、辜负人民的信任、侵害人民的利益，最终吞下自酿的恶果。概而言之，领导干部必须始终保持对权力的敬畏之心，把好用权的"方向盘"，系好廉洁的"安全带"，切实做到依法用权、秉公用权、廉洁用权、为民用权，才能真正守住权力关，无愧于党和人民的重托与期待。

警惕认知变异的侵蚀破坏。内因是变化的根据，领导干部自身腐化变质，是导致腐败现象的内因，起着决定性作用。在现实生活中，因领导干部认知偏差而导致腐败行为的现象屡见不鲜。他们只在乎腐败的收益，而不顾腐败的危害，存在"天知地知你知我知"的侥幸心理、"遵循潜规则"的从众心理、"劳苦功高"的补偿心理、"娱乐人生"的享乐心理、"高人一等"的自负心理等，这些错误认知如同"毒药"，腐蚀领导干部的心灵，也腐蚀他们手中的权力。一旦跨过第一次违纪违法的心理关口，思想道德就会越来越滑坡，腐败行为就越来越难以遏制。因此，廉洁自律，对于一个领导干部来说，首先必须解决思想认识问题，从认知上筑起拒腐防变的第一道防线。各级领导干部要谨记清廉是富、贪欲是祸的道理，经常打扫头脑里的思想灰尘，自觉抵制各种腐败心理和不良思潮的影响，看清一些事情该不该做、能不能干，严守纪法规矩，守牢拒腐防变的思想堤坝。

保持廉洁自律的健康心态。"欲修其身者，先正其心；欲正其心者，先诚其意。"儒家学说认为，一个人先要正心诚意，而后得以修身、齐家、治国、平天下。对于领导干部而言更是如此，他们肩负着国家和人民的重托，是推动社会健康发展和国家繁荣富强的核心力量，唯有心正意诚，克己奉公，才能成就一番事业。廉洁自律是一种积极健康的社会心态，反映出领导干部对恪守廉洁、严于律己的清晰认知。领导干部要保持廉洁自律的健康心态，则必须唤醒并遵从内心的道德律令。康德曾说："有两样东西，我们愈经常愈持久地加以思索，它们就愈使心灵充满日新月异、有加无已的景仰和敬畏：在我之上的星空和居我心中的道德法则。"① 心中的道德律令反映了一个人的品德和修养，能够规范内心秩序，进而使人遵从于一定的外在秩序。在相同的环境下，有的领导干部能够坚持严于律己，抵制形形色色的诱惑，始终老老实实做人、干干净净做事，而有些领导干部却心生邪念，腐化变质，最终失足落马，归根结底是心中突破了道德律令的约束。倘若没有廉洁自律的健康心态，无法秉持正确的道德操守，对正确的政治观念就难以理解、更难以认同。对于领导干部而言，廉洁从政要从端正心态开始，必须从内心深处认同廉洁理念，持之以恒地培养廉洁自律的道德操守。为此，领导干部需要加强对党纪法规、职业伦理道德的学习，在繁杂的事务中不断净化自身的心灵，达到"穷则独善其身，达则兼济天下"的心境，以平和之心对待名，不为名所困；以淡泊之心对待位，不为位所累；以敬畏之心对待权，不为权所惑；以知足之心对待利，不为利所诱，以清正廉洁之心全心全意为人民服务。

链　接

魏徵——极言直谏，以俭治国

魏徵（580—643年），字玄成，钜鹿郡（今河北巨鹿县）人，唐朝杰出的政治家，封郑国公，谥文贞，以直谏敢言著称，是中国历史

① ［德］康德：《实践理性批判》，韩水法译，商务印书馆1999年版，第177页。

上最负盛名的谏臣。魏徵一生刚正磊落，守法不移。他身为朝廷的国公、宰相，敢于直言相谏，因此深受皇帝李世民的信任和重用。李世民把他喻为自己的一面镜子。魏徵死后，唐太宗十分伤心，对侍臣说："人以铜为镜，可以正衣冠；以古为镜，可以见兴替；以人为镜，可以知得失。魏徵没，朕亡一镜矣！"

魏徵身上具备许多优秀品质，其节俭朴素堪称世人的楷模。他提倡节俭治国，自己身体力行，率先垂范。为了防止劳役百姓，魏徵劝谏太宗停止周边诸国的入朝贡献。贞观二年（628年），高昌王麹文泰将入朝，西域诸国也欲纳贡。魏徵上谏说："当今国家初兴，很多战争创伤还没有愈合，如果稍有劳役，就会产生危险。以前文泰入朝的时候，所经过的州县，都还不能保证供给，何况现在那么多的使团。必须居安思危，节奢侈，去浪费，以民为重，励精图治，否则前途堪忧！"太宗听了，马上下令追回迎接西域使臣的使者。

太宗曾让在益州及北门制造绫锦、金银器，魏徵上言，劝止此事。他说："金银珠玉，妨农事也，锦绣纂组，害女工也。一夫不耕，天下有受其饥；一女不织，天下有受其寒。古人或投之深泉，或焚之通衢，而陛下好之，愚臣不胜其耻。"

太宗在位既久，忘记了俭约的作风。贞观十一年（637年），他东巡洛阳，住在显仁宫，因州县官吏供奉不好，官吏大都受到了谴责。魏徵认为这是渐生奢侈之风的危险信号，于是马上给他敲一下警钟："隋惟责不献食，或供奉不精，为此无限，而至于亡。故天命陛下代之，正当兢惧戒约，奈何令人悔为不奢。若以为足，今不啻足矣；以为不足，万此宁有足耶？"之后，魏徵又上疏，表示"臣愿当今之动静，以隋为鉴，则存亡治乱可得而知"。

魏徵在朝期间，曾先后陈谏200多件事，劝诫唐太宗以史为鉴，居安思危，励精图治，任贤纳谏，本着清静无为、"仁义"行事。魏徵一生不仅尽心事主，更以江山社稷、天下苍生为重，为唐初社会的稳定和"贞观之治"的出现发挥了重要作用。

（资料来源：中共云南省委宣传部编：《俭约故事》，云南大学出版社 2022 年版，第 54—57 页）

（二）成为党员干部的生活准则

知行合一，是为人处事的基本准则，以知促行，以行促知，方能知之愈明、行之愈笃。廉洁自律的生活准则，即在正确认知的基础上，在高洁品行的推动下，在日常工作、生活中所要遵守的廉洁行为标准或原则。领导干部恪守廉洁自律的道德操守，不仅需要秉持廉洁自律的认知心理，更要让廉洁自律成为一种生活准则，不驰于空想，不骛于虚声，达到知行统一、廉洁修身的行动自觉。

常思廉洁之要，坚守从政道德。保持人民本色，是为政之本、廉洁之要。《三国志》有言："民者，国之根也，诚宜重其食，爱其命。"中国传统文化蕴含深厚的民本思想，在长期的社会发展过程中不断丰富和充实，形成了重民、爱民、亲民、顺民、利民、富民等思想主张。进入新时代，以习近平同志为核心的党中央继承了中国传统民本观，明确全心全意为人民服务，是党一切行动的根本出发点和落脚点。在我国，党员干部应当厚植人民情怀，始终把人民放在心中的最高位置，始终将人民的利益放在第一位，坚守"为民、务实、清廉"的从政道德。"为民"是从政道德的核心。习近平总书记强调："坚持人民利益高于一切的政德，真正干出有利于党和人民事业的政绩。"① 其言醇

---

① 张政主编：《红船初心——"红船精神"的理论与实践》，人民出版社 2019年版，第 8 页。

醇，其意殷殷。身为领导干部，无论什么时候，人民公仆的本色不能变，"为民造福"的情怀不能淡，要回答好"我是谁、依靠谁、为了谁"的问题，树立正确的世界观、人生观、价值观，心怀家国、躬身为民，成为党和人民支持和信赖的好干部。"务实"是从政道德的关键。领导干部的人民情怀不能是喊口号、走过场、摆架子，必须实实在在体现在造福百姓的一言一行之中。因此，广大领导干部要秉持"求真务实"的工作作风，始终牢记"勿以恶小而为之，勿以善小而不为"，以"实心"干好"实事"，用"实干"成就"实绩"，在其位谋其政、任其职尽其责，切实当好人民的勤务员。清廉是从政道德的原则和底线。各级领导干部要以"为政之道，修身为本"的信念来严格约束自己，常思贪欲之害、常怀律己之心、常修为政之德，保持清醒头脑和清正作风，以干净担当彰显人民公仆本色，无愧于党和人民的重托与期待。

常践廉洁之行，带头廉洁自律。恩格斯指出，"判断一个人当然不是看他的声明，而是看他的行为；不是看他自称如何如何，而是看他做些什么和实际是怎样一个人。"① 从反腐实践看，腐败分子在被揭露之前，往往是台上喊廉、台下捞钱，点灯是人、熄灯是鬼，呈现出反差强烈的两副面孔。归其原因，就是认识和实践存在严重脱节，不能将正确认识付诸实际行动。组织和群众的眼睛是雪亮的，倘若做"双面人"、耍"两面派"，终会露出马脚、现出原形。领导干部作为党和国家事业发展的"领头人"，其道德操守、思想作风、行为规范具有引领和示范的作用。对于领导干部而言，廉洁自律不能仅仅停留在口头上、止步于思想，而是重在实践，贵在表率。孔子曰："政者，正也。子帅以正，孰敢不正。""其身正，不令而行；其身不正，虽令

---

① 《马克思恩格斯选集》第 1 卷，人民出版社 2012 年版，第 644 页。

不从。"正人先正己，从政者本身能够做到言行端正，率先垂范，就可以不令而行，上行下效。行动是最好的引领，实干是最好的示范。各级领导干部要切实增强廉洁自律的实践能力，做践行廉洁自律的表率。具体来说，就是广大领导干部在日常实践中要严于律己做人、清正廉洁做事。严于律己做人，就是要慎独慎微，洁身自好，带头弘扬社会主义核心价值观，把牢"工作圈""生活圈""社交圈""娱乐圈"，做到自重、自警、自省，严格遵守廉洁自律各项规定，增强自我约束和自我修炼能力，自觉抵御歪风邪气的侵蚀。清正廉洁做事，就是要廉洁从政、廉洁奉公，牢记自身的使命和职责所在，坚决抵制优亲厚友、营私舞弊和暗箱操作等以权谋私的恶劣行径，以优良的作风鼓舞人心、以过硬的本领担当使命、以出色的政绩展现作为，做好清正廉洁排头兵。

常守廉洁之节，自觉接受监督。崇尚气节，是中华民族的优良传统和中华文化的鲜明特色。钱樟明在《水调歌头·咏竹》词中写道："有节骨乃坚，无心品自端。几经狂风骤雨，宁折不易弯。"千百年来，无数文人墨客以竹喻人，对竹子虚心劲节之风姿品性大为赞赏，赋予竹子清峻不阿、高风亮节的品格形象。竹有节，能挺立；人有节，能坚毅。习近平总书记指出："高尚的气节是每一个领导者所应有的品质。没有气节，就没有了脊梁骨。"① 为官从政，重在有气节、守廉洁，必须崇节俭、去奢欲。一方面，党员干部要将尚俭戒奢作为生活准则，发扬艰苦朴素、勤俭节约的传统美德，深知"一粥一饭当思来之不易，半丝半缕恒念物力维艰"，从小事做起、从身边做起，养成俭朴的生活作风和行为习惯。另一方面，面对世间种种诱惑，党员干部必须懂得克制，加强自我约束，要拉紧欲望之绳，涵养淡泊之心；

---

① 习近平：《摆脱贫困》，福建人民出版社 1992 年版，第 34 页。

克服浮躁情绪，坚持久久为功；警惕玩物丧志，砥砺品行操守；淡化个人得失，坚持大局为重，不为物欲所困，不为人情所累，始终坚守节操，廉以律身。诚然，每个人都不是完人、圣人，都有自己的缺点弱点和私心杂念。党员干部不仅要强化自身修炼、自我约束，更要自觉接受外部的批评和监督，习惯在"玻璃房""聚光灯"下工作。来自组织和群众的批评和监督，党员干部要将其视为最大的关爱、最好的保护和最真诚的帮助，以"有则改之，无则加勉"的态度接受它们，以"真金不怕火炼"的心境迎接它们。唯有以一种开放的姿态主动接受监督和批评，党员干部才能真正了解自身的不足，及时加以改进和纠正，防止小错酿成大错，在监督这块"炼金石"下取得个人的成长进步，赢得组织和人民的认可，砥砺高风亮节的品格，坚守清正廉洁的气节。

链　接

陈云与共产党员的"六条标准"

陈云同志发表于 1939 年 5 月的《怎样做一个共产党员》是马克思主义党建史上的一篇重要文献，其中明确提出了共产党员的"六条标准"。

导火索是"刘力功问题"。刘力功于 1938 年入党，先后在抗日军政大学和中央党校训练班学习。毕业时，党组织安排他去基层锻炼，但他却坚持要进马列学院或回原籍工作，否则就退党。组织上找他谈过 7 次话，耐心说服教育，但他依然拒绝执行党的决定。中央党务委员会决定开除他的党籍，并公布于全党。陈云于 1939 年 5 月 23 日写了《为什么要开除刘力功的党籍》一文，通过剖析这一典型事例，论述了共产党员要加强党性锻炼，特别是遵守党的纪律的极端重要性，在延安各机关和学校引起很大震动。在此基础上，陈云于 5 月 30 日写出了《怎样做一个共产党员》一文，完整地提出了衡量共产党员的"六条标准"。

第一，终身为共产主义奋斗。即"每个共产党员不仅要坚信共产主义的必然实现，而且必须对于工人阶级和中国人民、中华民族的解放事业，有不怕牺牲、不怕困难和奋斗到底的决心"。

第二，革命的利益高于一切。即"每个共产党员，都要把革命的和党的利益放在第一位，以革命的和党的利益高于一切的原则来处理一切个人问题，而不能把个人利益超过革命的和党的利益"。

第三，遵守党的纪律，严守党的秘密。即"一个共产党员坚决地自觉地遵守党的纪律是他的义务。他不仅应该与一切破坏党纪的倾向作斗争，而且要着重与自己的一切破坏党纪的言论行动作斗争，使自己成为遵守党纪的模范"。

第四，百折不挠地执行决议。即"共产党员不仅在日常工作中要忠实于党的决议，而且要在困难中，在生死关头时，忠实于革命和党的决议；不仅在有党监督时，而且要在没有党监督时，忠实于革命和党的决议；不仅在胜利时，而且要在失败时坚持执行党的决议"。

第五，做群众的模范。即"党员无论在何时何地的一举一动，都必须给非党群众一种好的影响，使他们更加信仰我党，更加敬重我党"。

第六，学习。即"每个共产党员要随时随地在工作中学习理论和文化，努力提高自己的政治水平和文化水平，增进革命知识，培养政治远见"。

最后，陈云还着重提出："只有具备以上的六个条件，才不愧称为一个良好的共产党员，才不致玷污了这伟大而光荣的党员的称号。"

（资料来源：《重温"六条标准" 坚定初心使命——读陈云〈怎样做一个共产党员〉》，《中国组织人事报》2019 年 10 月 11 日）

（三）成为党员干部的精神追求

人不仅需要物质财富来满足生存所需，更得有崇高的精神追求来丰盈精神世界，协调各种欲望和需要，引导生命摆脱狭隘的困境，彰显人的尊严和高贵。相比于普通的群众，党员干部应当有更宽广的胸怀、更崇高的觉悟，更高尚的精神追求。党员干部将廉洁自律作为自觉的精神追求，才能获得更深刻的人生体验，充分实现人生价值，成为更好的自己。

锻造两袖清风、一身正气的廉洁品格。"两袖清风"，是指持守清白、不沾不贪、厉行俭朴；"一身正气"，是指忠于职守、大公无私、作风正派。有言道："廉洁从政两袖清风德昭后世，贪图钱财一朝失足愧对今生。"对党员干部来说，锻造"两袖清风、一身正气"的廉洁品格，既是一种从政要求、一种政治责任，更是一种党性修养、一种精神追求。纵观古今，那些深受百姓崇敬与爱戴的清官廉吏们，无不是把清正廉洁当成一种高尚品格来塑造，作为一种崇高精神来追求。一代清吏包拯、于谦、海瑞等因公正无私、清廉爱民而流芳千载；人民公仆孔繁森、郑培民、黄文秀等以淡泊名利、甘于奉献而感人至深……在新时代的发展浪潮中，每一位党员干部都应努力淬炼高尚的廉洁品格，在义与利、公与私、安与危、苦与乐等各方面的考验中，以强大的定力彰显人民好干部的崇高精神。一方面，要突出职业道德操守，把廉洁素养与职业道德的养成结合起来，将廉洁自律道德操守内化为思想准则、外化为自觉实践、固化为行为习惯，把忠诚干净担当的政治本色嵌入自己的灵魂和血脉当中，始终保持高尚的道德情操；另一方面，要加强党性锻炼，把学懂弄通做实习近平新时代中国特色社会主义思想作为首要政治任务，在深化学习中经受思想淬炼、精神洗礼，在实践探索中锤炼意志、坚定信仰，不断向廉洁自律的高标准看齐，坚守共产党人的价值追求和政治品格。

涵养克己奉公、清廉自守的精神境界。每一个人都应当努力追求崇高的思想境界，才会有更开阔的视野、更坚定的信念和更勇毅的行动，创造有意义的人生。《关于加强新时代廉洁文化建设的意见》强调"用中华优秀传统文化涵养克己奉公、清廉自守的精神境界"①。数千年中华文明中孕育发展的廉洁文化，承载着中华民族独特而崇高的精神追求。习近平总书记指出："研究我国反腐倡廉历史，了解我国古代廉政文化，考察我国历史上反腐倡廉的成败得失，可以给人以深刻启迪，有利于我们运用历史智慧推进反腐倡廉建设。"② 广大领导干部要以优秀传统文化滋养为政素养，多读、善读中华优秀传统文化典籍，从古圣先贤、清官廉吏的嘉言懿行中汲取廉为政本、为政以德、持廉守正等传统廉洁文化精华，努力习得修身，不断提升文化素养和精神境界。领导干部不仅要善于学习，还要善于把学习成效转化为实际行动和工作思路，保持不断进步的良好态势。具体而言，就是要继承"天下之务，莫大于恤民"的思想，谨记人民公仆身份，奉献而不索取；传承"慧者心辩而不繁说"的要义，保持求真务实的优良作风，本本分分做人，踏踏实实做事；秉持"君子检身，常若有过"的态度，时时处处自重自省自警自励。总之，领导干部要自觉把涵养克己奉公、清廉自守的精神境界作为义不容辞的分内之事，立足于实然状态，着眼于应然状态，拿出严的气魄，在"学思践悟"中淬炼思想、荡涤灵魂、锤炼心性。

---

① 《中办印发〈关于加强新时代廉洁文化建设的意见〉》，《人民日报》2022 年2 月25 日。

② 《习近平谈治国理政》第 1 卷，外文出版社 2018 年版，第 390 页。

链　接

▼

崇高风范：周恩来的修养要则

1943 年 3 月 18 日是周恩来 45 岁生日。中共中央南方局机关的干部根据党中央的统一部署开展整风学习活动。周恩来在南方局办事处机关做了一场自我反省报告。他简要回顾了自己参加革命的经历，剖析了自己的性格弱点，以反躬自省的精神为自己传奇的人生经历做了一个虔诚的总结，并检讨自己"理论修养不够，有些事务主义的作风"。就在这天晚上，周恩来在自己的办公室，以一个共产党人特有的胸襟剖析自己、反省自己、要求自己，写下了著名的《我的修养要则》：

一、加紧学习，抓住中心，宁精勿杂，宁专勿多。

二、努力工作，要有计划，有重点，有条理。

三、习作合一，要注意时间、空间和条件，使之配合适当，要注意检讨和整理，要有发现和创造。

四、要与自己和他人的一切不正确的思想意识做原则上坚决的斗争。

五、适当地发扬自己的长处，具体地纠正自己的短处。

六、永远不与群众隔离，向群众学习，并帮助他们。过集体生活，注意调研，遵守纪律。

七、健全自己身体，保持合理的规律生活，这是自我修养的物质基础。

（资料来源：中央纪委宣传教育室、中央组织部干部教育局、中央宣传部宣传教育局编：《领导干部廉洁从政教育读本》，中国方正出版社 2012 年版，第 108—109 页）

修炼崇德向廉、见贤思齐的思想情操。崇德向廉、见贤思齐，就是要对廉洁的行为和精神持尊重和推崇的积极态度，主动汲取先进榜样的高尚品质和廉洁精神，使其成为自身的思维方式和行为准则。广大党员干部坚持以身作则、以上率下，带头营造"人人思廉、人人倡廉、人人尚廉"的氛围，以恪守廉洁自律作出表率、为弘扬清风正气树立标杆，就能以"头雁效应"激发"雁群活力"，引领全党全社会形成崇廉拒腐的良好氛围。正如习近平总书记所指出："用一贤人则群贤毕至，见贤思齐就蔚然成风。选什么人就是风向标，就有什么样的干部作风，乃至就有什么样的党风。"① 一方面，要秉持"见贤思齐"的品行操守，自觉向廉洁榜样看齐，用榜样的先进事迹和崇高精神滋养心灵，把榜样力量转化为干净干事的生动实践；另一方面，要秉持"见不贤而内自省"的思想自觉，以负面典型为镜鉴，吸取教训、引以为戒、检身正己，增强认识和把握义与利、己与他、权与民、物质与精神等重要关系的能力，牢牢守住廉政防线，做"一个高尚的人，一个纯粹的人，一个有道德的人，一个脱离了低级趣味的人，一个有益于人民的人"②。

加强新时代廉洁文化建设是建设中华民族现代文明的内在需要，也是护航中国式现代化的重要保障。党中央充分认清党风廉政建设面临的严峻形势，高度重视廉洁文化建设，并于 2022 年印发了《关于加强新时代廉洁文化建设的意见》，为新时代廉洁文化生活化提供总体思路与具体对策。当前，我们要认清形势，提高思想认识，新时代廉洁文化生活化既要继续瞄准重点对象，又要面向人民群众这个主体，通过廉洁文化生活化拓展空间，将廉洁文化有机融入乡规民约、城市

---

① 《习近平谈治国理政》第 1 卷，人民出版社 2018 年版，第 418 页。

② 《毛泽东选集》第 2 卷，人民出版社 1991 年版，第 660 页。

文明、企业文化、亲清政商关系等诸多领域之中，形成廉荣贪耻的社会风尚，为推进中国式现代化营造风清气正的政治生态和干事创业的良好环境。同时，我们要认清现实，推动廉洁文化融入群众日常生活不可能一蹴而就，一劳永逸。因此，新时代廉洁文化生活化建设永远在路上，只有进行时没有完成时。

主要参考文献

1. 《马克思恩格斯选集》（1—4），人民出版社 2012 年版。

2. 《列宁选集》（1—4），人民出版社 2012 年版。

3. 《毛泽东选集》（1—4），人民出版社 1991 年版。

4. 《邓小平文选》（1—3），人民出版社 1994、1993 年版。

5. 《江泽民文选》（1—3），人民出版社 2006 年版。

6. 《胡锦涛文选》（1—3），人民出版社 2016 年版。

7. 《习近平著作选读》（1—2 卷），人民出版社 2023 年版。

8. 《习近平谈治国理政》（1—4 卷），外文出版社 2018、2017、2020、2022 年版。

9. 习近平：《之江新语》，浙江人民出版社 2007 年版。

10. 《习近平关于全面从严治党论述摘编》，中央文献出版社 2021 年版。

11. 《习近平关于社会主义文化建设论述摘编》，中央文献出版社 2017 年版。

12. 《习近平关于严明党的纪律和规矩论述摘编》，中国方正出版社、中央文献出版社 2016 年版。

13. 《习近平关于党风廉政建设和反腐败斗争论述摘编》，中央文献出版社 2021 年版。

14. 《习近平关于注重家庭家教家风建设论述摘编》，中央文献出版社 2021 年版。

15.《习近平关于全面依法治国论述摘编》，中央文献出版社 2015年版。

16.《十八大以来重要文献选编》（上中下），中央文献出版社 2014、2016、2018 年版。

17.《十九大以来重要文献选编》（上中），中央文献出版社 2019、2021 年版。

18. 钱穆：《文化学大义》，九州出版社 2012 年版。

19. 顾孝华编著：《组织传播论》，上海交通大学出版社 2007年版。

20. 郑杭生主编：《社会学概论新修》，中国人民大学出版社 2013年版。

21. 薛可、余明阳主编：《人际传播学》，同济大学出版社 2007 年版。

22. 魏超主编：《大众传播通论》，中国轻工业出版社 2007 年版。

23. 司马云杰：《文化社会学》，中国社会科学出版社 2001 年版。

24. 刘怀玉：《现代性的平庸与神奇—列斐伏尔日常生活批判哲学的文本学解读》，中央编译出版社 2006 年版。

25. 衣俊卿：《现代化与文化阻滞力》，人民出版社 2005 年版。

26. 陈金龙主编：《新时代廉洁文化建设六讲》，广东人民出版社 2023 年版。

27. 陈金龙等：《新时代全面从严治党的理论创新》，中山大学出版社 2021 年版。

28. 刘同舫：《马克思主义的时代表达》，中国人民大学出版社 2021 年版。

29. 中央纪委办公厅编：《廉洁自律三项制度》，中国方正出版社

1996 年版。

30. 李军燕等编著：《永远在路上：党员干部廉政风险防范与自控》，人民日报出版社 2023 年版。

31. 罗任权：《高校廉政文化理论与实践研究》，暨南大学出版社 2011 年版。

32. 蔡骐，蔡雯：《媒介竞争与媒介文化》，复旦大学出版社 2007 年版。

33. 向专、白雪编著：《新时代家庭助廉：弘扬清廉家风 筑牢廉洁防线》，人民日报出版社 2023 版。

34. 邓联繁：《当代中国廉洁建设：战略、脉络与共范畴》，人民出版社 2016 年版。

35. 王勇等：《廉政文化传播概论》，中国政法大学出版社 2015 年版。

36. 北京市国资委党委编：《廉洁文化在企业》，中国方正出版社 2007 年版。

37. 伍新林等：《廉洁从政：中华传统清廉文化与当代共产党人的廉洁操守》，人民出版社 2018 年版。

38. 麻承照：《廉政文化概论》，中国方正出版社 2014 年版。

39. 赵薇、王汉苗：《正心——传统文化与人格养成》，中华书局、齐鲁书社 2018 年版。

40. 郭钦：《中华廉洁文化史》，社会科学文献出版社 2019 年版。

41. 单卫华、赖红卫、张相军：《中国廉政文化史》，山东画报出版社 2010 年版。

42. 高超、张亚东、巩永丹：《社会主义先进文化与当代中国》，人民日报出版社 2019 年版。

43. 李宝娣、胡浩：《青春倡廉大学生廉洁教育读本》，大连海事大学出版社 2010 年版。

44. 单卫华等：《中国共产党廉政文化建设史论》，济南出版社 2021 年版。

45. 董瑛：《清廉中国：中国共产党治理腐败的时代图景》，人民出版社 2021 年版。

46. 尚传斌：《修政德：党员干部从政必修课》，新华出版社 2022 年版。

47. 林岩编著：《中国古代廉政文化集粹》，中国方正出版社 2014 年版。

48. 沈其新主编：《中华廉洁文化与中国共产党先进性建设》，湖南大学出版社 2008 年版。

49. 中央纪委国家监委宣传部编著：《清风传家》，中国方正出版社 2020 年版。

50. 于立志、张玉阁：《不为繁华易素心：新时代党员干部修养58 讲》，中国民主法制出版社 2023 年版。

51. 任建明主编：《反腐败制度与创新》，中国方正出版社 2012 年版。

52. 中共中央组织部编：《中国共产党组织建设一百年》，党建读物出版社 2021 年版。

53. 陈治治、张硕：《年轻干部要守住"五关"》，人民日报出版社 2022 年版。

54. 邵凤丽：《家风家训与乡风文明建设：山西闻喜裴柏村的个案研究》，中国社会科学出版社 2020 年版。

55. 陈范华主编：《新时代廉政建设探索与实践》，武汉大学出版社 2022 年版。

56. 张国臣等：《社会主义廉洁文化建设论》，人民出版社 2011

年版。

57. 渠长根主编：《红色文化概论》，红旗出版社 2017 年版。

58. 房世刚：《全面从严治党基本问题研究》，山东大学出版社 2018 年版。

59. 张宏杰：《顽疾：中国历史上的腐败与反腐败》，人民出版社 2016 年版。

60. 高波：《廉洁拐点：世界难题与中国答案》，中信出版社 2017 年版。

61. 刘纪舟：《落马贪官的腐败心理：腐败心理学研究》，中共中央党校出版社 2013 年版。

62. 陈明明主编：《反腐败：中国的实践》，复旦大学出版社 2017 年版。

63. 《十八大以来廉政监督条例》，人民出版社 2019 年版。

64. 于东：《历史发展中的周期率问题研究》，江西人民出版社 2010 年版。

65. 季正矩编著：《跨越腐败的陷阱：国外反腐败的经验与教训》，中国经济出版社 1999 年版。

66. 刘京希：《政治生态论——政治发展的生态学考察》，山东大学出版社 2007 年版。

67. 杨光斌：《制度的形式与国家的兴衰——比较政治发展的理论与经验研究》，北京大学出版社 2005 年版。

68. 饶明奇，王国永：《水与制度文化》，中国水利水电出版社 2015 年版。

69. 郭剑鸣等：《"清廉浙江"公众感知评估报告（2018 年度）》，光明日报出版社 2019 年版。

70. 李辉：《国外腐败问题研究：历史、现状和方法》，中国方正出版社 2019 年版。

71. 卢蓉：《电视剧叙事艺术》，中国广播电视出版社 2004 年版。

72. 刘杰等：《党风廉政建设：新时代、新挑战、新使命》，上海社会科学院出版社 2022 年版。

73. 中共中国建设银行委员会、中共中央党校（国家行政学院）党的建设教研部编著：《熔炼——张富清同志一生的党性修炼》，中共中央党校出版社 2023 年版。

74. 张政主编：《红船初心："红船精神"的理论与实践》，人民出版社 2019 年版。

75. 周艳红：《苏区精神》，人民日报出版社 2020 年版。

76. 秦强：《涵养党风——党员的 10 堂主题党课》，人民出版社 2022 年版。

77. 中共云南省委宣传部编：《俭约故事》，云南大学出版社 2022 年版。

78. 中央纪委宣传教育室等编：《领导干部廉洁从政教育读本》，中国方正出版社 2012 年版。

79. ［美］伊曼纽尔·克雷克、威廉·切斯特尔·乔丹编：《腐败史》（上中下），邱涛等译，中国方正出版社 2016 年版。

80. ［美］迪特尔·哈勒、［新西兰］克里斯·肖尔主编：《腐败：人性与文化》，诸葛雯译，江西人民出版社 2015 年版。

81. ［美］塞缪尔·亨廷顿、劳伦斯·哈里森主编：《文化的重要作用：价值观如何影响人类进步》，程克雄译，新华出版社 2010 年版。

82. ［匈］阿格妮丝·赫勒：《日常生活》，衣俊卿译，重庆出版社 1990 年版。

83. ［美］雷·马歇尔、马克·塔克：《教育与国家财富：思考生存》，顾建新、赵友华译，教育科学出版社 2003 年版。

后　记

　　廉洁文化建设与日常生活息息相关，日常生活是廉洁文化的寓所。2022 年 2 月，中共中央办公厅印发的《关于加强新时代廉洁文化建设的意见》提出，把廉洁要求贯穿日常教育管理监督之中，推动廉洁文化建设实起来、强起来，为新时代廉洁文化生活化建设提供总体思路。

　　到目前为止，学术界对廉洁文化、廉政文化的研究已取得丰硕成果，特别是新时代以来，以习近平同志为核心的党中央对廉洁文化建设高度重视，研究成果呈井喷之势。本书以日常生活为视角研究新时代廉洁文化建设，主要出于自身的学术积累与兴趣。自 2010 年以来，本人主要从事党的意识形态理论生活化研究，并分别围绕党的意识形态生活化、日常生活理念融入高校思想政治理论课教学等主题申报各级各类课题，本书也是在研国家社会科学基金一般项目"新民主主义革命时期党的意识形态生活化（21BDJ065）"、广东省 2021 年教育教学改革项目"生活化理念融入高校思想政治理论课教学"的阶段性研究成果。

　　本书在厘清生活化概念的基础上，对廉洁文化生活化概念、特征进行了探讨，针对新时代廉洁文化的挑战，从夯实廉洁主体、提升传播效能、讲好廉洁故事等方面提出解决对策，为了增强可读性，在书中增加了知识链接。在本书撰写过程中，由我指导的部分硕士研究生参与了书稿的资料收集与撰写工作，其中郑淑娟主要参与了第一章，陈敏弘主要参与了第二章，严丽婷主要参与了第三章，李琦主要参与了第四章，李逸良主要参与了第五章。

广东人民出版社卢雪华副总编辑、曾玉寒主任为本书的策划和出版付出了辛勤劳动，责任编辑伍茗欣等为本书的写作和出版始终操劳，她们的字斟句酌，为本书增色不少，在此谨表谢忱！

本书参考和吸收了学界的相关研究成果，特别是书中的知识链接主要摘自学术著作、报刊及官方网站的推文等，在此向作者、相关刊物表示诚挚谢意！

廉洁文化建设是一个永恒的主题，新时代廉洁文化生活化研究需要我们在实践中不断深化，本书的研究只是一个开始，有待于日后继续努力。囿于研究水平与学术视野等，书中粗疏之处在所难免，敬请学界同道、广大读者批评指正。

朱斌

2024 年 6 月